Voß / Kraemer

Aus dem Bauch des Tangos

FRISCH
TEXTE
VERLAG

ISBN 3 933 059-01-1

Die deutsche Bibliothek - CIP-Kurztitelaufnahme

Aus dem Bauch des Tangos-...
Voß, Arnold und Kraemer, Brigitte
1. Ausg. 1999, FRI**SCH**-Texte Verlag, Herne,
ISBN 3 933 059-01-1

3. Auflage 2000

Layout, Satz und Umschlagentwurf:
büro für grafische angelegenheiten | erich füllgrabe
Herstellung: Druckerei FRISCH GmbH & Cie KG, Herne

Printed in Germany auf STARLINE GLOSS, Fa. Bechtold

ISBN 3 933 059-01-1

Aus dem Bauch des Tangos

Eine schonungslose Liebeserklärung an einen weltberühmten Tanz

Text: Arnold Voß
Fotos: Brigitte Kraemer

Vorwort

Der argentinische Tango hat in seiner mehr als einhundertjährigen Geschichte gezeigt, daß er Gefühlsspezialist über die Zeiten hinweg ist. Daraus sprießt seine Aura und der Wildwuchs unzähliger Klischees. Aus äußerlicher Betrachtung formuliert, heimeln seine Klischees vor allem jene an, die nicht selber tanzen: Reizvoll mit Sex-Appeal und doch ein nostalgisches Stück aus der großen Soap Opera des Lebens Ein Herz und eine Seele. Diese plakativen Bilder bewegen die Designer, nicht jedoch die lebendig fühlenden TänzerInnen. Sie finden dieses Spiel mit Vier von Zwei in Eins zunächst höchst kompliziert. Eine Sache für den Kopf? Doch wenn dieses Spiel mit vier Beinen von zwei Leben in einem Tanz harmoniert, entfaltet es jene Breite des Gefühls, die dem modernen Lebensstil sehr zuträglich ist.

Brigitte Kraemer und Arnold Voß halten sich in diesem Sinne fern von den Geschichten und den Klischees über den Tango. Sie schauen in Bild und Wort aufs subjektive Detail, auf das, was zwischen den Menschen wirklich passiert. Es geht ihnen dabei nicht um Klatschgeschichten. Es entsteht vielmehr ein Kaleidoskop von Ansichten zu den Erlebnissen derjenigen, die diesen Tanz mit Leidenschaft pflegen. Gefühle werden offengelegt und entblößen sich auch. Der Tanz „mit Herz“ (Con Corazon), wie die Argentinier sagen, findet dabei seinen Ausdruck in Bild und Sprache. Das bestechende Schwarz – Weiß der Fotos etwa beschränkt nicht den Eindruck, es vertieft vielmehr das Gefühl für die Bewegung, für den individuellen Ausdruck oder für das kollektive Erlebnis.

Das subjektive Detail erstrahlt dabei in einem solcherart liebenswerten Charme, daß schmeichelnde Frechheit einen ehrlichen Blick öffnet. Auf die Autoren, auf den Tanz, auf Mann und Frau, auf das, was zwischen ihnen erspürbar und jenen „kleinen Unterschied“ betrifft. Dazu löckt Arnold Voß auch wider den Stachel, wenn er zeigt, was sich zwischen Tänzerinnen und Tänzern wirklich ereignet – nicht immer und gleichzeitig, aber immer wieder. So wird dieses Buch gewiß Diskussionen und Spekulationen auslösen.

Die Autoren suchen aber nicht das verletzende Gefecht der endgültigen Wahrheiten. Sie verfolgen vielmehr Spuren, die auftauchen, verschwimmen, sich verlieren. Da macht es auch Spaß, diese in Bild und Sprache herauszuputzen - so, wie sie gesehen werden möchten - wie sie gesehen werden - wie man sie sehen kann - wie sie gut aussehen würden...
Doch wer weiß schon, wer sie wirklich sind?

Münster, im Februar 1999

Alfons Nührenbörger

Tango ist

...Verführung zum Tango

...erst einmal Frust und nicht Lust

...wenn Führer und Geführter gleichberechtigt sind

...Arbeit an sich selbst

...getanzte Zärtlichkeit

...eine triadische Harmonie zwischen zwei Menschen und einer Musik

...ein ideales Antidepressivum

...Auslese

...für Frauen Männermangel und

...für Männer Mangel an sich selbst

...Hingabe an einen Fremden

...eine runde Frau

...Eifersucht

...„Exporttango"

...ein Spiel

...(auch) Sex

...wenn man miteinander redet, aber nichts sagt

...eine Affäre

...eine kontrollierte Explosion

...ein ganz normaler Zeitvertreib

...Wanderschaft

...wenn man nach Buenos Aires fährt

...Schuhe in Taschen

...Nijmegen

...eine Diva, die manchmal weint

...ein Fest

Glossar, Seite 62

Die Sucht, die man vielen langjährigen Tangueros und Tangueras bei ihrer Lieblingsbeschäftigung geradezu ansieht, begann bei mir als Sehn-Sucht. Ich sehnte mich nach dieser Sucht und weiß auch noch genau, wo und wann es begann.
Beim Zuschauen in einer Tangokaschemme irgendwo in Köln. Es war ein großer, hoher, irgendwie trapezförmiger Raum in einem verlassenen Industriegebiet, beheizt von einem gewaltigen Kanonenofen und den Menschen, die sich in diesem Raum aufs intensivste bewegten. Die „Bar", an der ich saß, bestand zum größten Teil aus aufgeständerten Holzbohlen, die Frau, die mich hierher gelockt hatte, zu 100 Prozent aus Tanzlust.

Tango ist Verführung zum Tango

Ich kannte und liebte den Tango bis zu diesem Zeitpunkt nur als Hörmusik und das vor allem in der Form des Tango-Nuevo eines Piazzola, Mattheo oder Mosalini. An diesem Abend wurde auch das gespielt, aber nur sehr wenig und erst ganz zum Schluß, denn danach können sich wirklich nur sehr weit fortgeschrittene TänzerInnen adäquat bewegen. Es war der Volkstango, der rhythmische Straßentango der 30er und 40er Jahre, der hier im wahrsten Sinne des Wortes den Ton angab. Und natürlich diese Frau, von der ich den ganzen Abend kein Auge lassen konnte.
Es war eigentlich nicht diese bestimmte Frau, sondern die Tatsache, daß ich zum ersten Mal eine Frau so wahrgenommen habe: als hingebungsvolle, ausdrucksstarke und zugleich selbstbewußte Tänzerin. Erst sah ich sie nur allein, dann zusammen mit ihrem jeweiligen Tänzer und später auch die anderen Paare. Die vielen Bilder dieser aneinander gelehnten oder geschmiegten Menschen in ihren immer wieder überraschenden Tanzfiguren wurden eins mit der Musik. Mit einem Mal verloren die Melodien ihre kitschige Süße, ihren für den nicht beteiligten Zuhörer oft so schrammeligen und leiernden Sound und gingen mir nicht nur ins Ohr sondern auch unter die Haut. Ich vergaß die Zeit. Als ich das Lokal verließ, war es weit nach Mitternacht und ich wußte, daß ich diesen Tanz nicht nur von außen, sondern auch von innen erleben wollte

Andere lernen den Tango gerade jetzt, wo er wieder einmal von den Medien abgefeiert wird, nicht ganz so sinnlich und direkt, aber doch durch ähnlich wirksame Bilder kennen. Bilder, die ebenso verführerisch sind und mit so lasziven Worten unterschrieben werden wie Leidenschaft, Erotik, Melancholie, Verlassenheit und eben Sehnsucht. Wer sich aber nach den ersten romantischen Anwandlungen wirklich auf das Tangotanzen einläßt, erlebt sein blaues Wunder.

Meine ersten richtigen bzw. falschen Tanzschritte machte ich mit einer mir wildfremden Frau unter Anleitung einer gewissen Esther und eines gewissen Stevan irgendwo im Ruhrgebiet. Es wäre egal gewesen mit wem, wo, und unter wessen Obhut ich diese ersten Schritte sonst gemacht hätte; an dem, was kam, hätte es nicht viel geändert: Frust. Dazwischen ab und zu und zunehmend ein paar Lichtblicke, aber nicht die Spur der viel zitierten Erotik, geschweige denn von Leidenschaft. Eher ein Gefühl von Verlassenheit. Ich kam mir vor wie ein Behinderter, der seine Handicaps vor dem Tango einfach nur gut zu tarnen wußte, ja sie eigentlich gar nicht bemerkt hatte. Jetzt jedoch holten sie meine beiden Lehrer sehr freundlich, fast liebevoll, aber dadurch nicht weniger gnadenlos, ans Licht. Meine Haltung, das Gehen, das Drehen, ja selbst das Stehen, vorher für mich selbstverständliche Tätigkeiten, wurden auf einmal zum Problem. Und das alles nur, weil ich mir in den Kopf gesetzt hatte, eine Frau beim Tanzen in den Armen halten zu wollen. Und ich sollte sie ja nicht nur in den Armen halten, ich sollte sie auch noch führen. Ohne Worte, nur mit meinem Körper, genauer gesagt: durch die Haltung meines Körpers. Und das alles in ziemlich bedrohlicher oder erfreulicher - wie man es jeweils nimmt - Nähe zu dem ihren.

Meine erste Tanzpartnerin war eine herzliche, humorvolle, vor allem aber vollbusige Postbotin. So weit konnte ich meine Arme gar nicht ausstrecken, daß wir uns in Brusthöhe nicht berührten. Also eigentlich schlichte Lust bei jedem Schritt, denn wir waren uns von Anfang an sympathisch. Das Vertrackte war jedoch, daß es genau deswegen auch Frust war. Es fehlte uns als „absolut beginners“ die gegenseitige und der jeweiligen Tanzfigur gemäße, feinfühlige physische Anpassungsfähigkeit. Aus der erhofften zarten Berührung wurde nur reales Gepresse und Geschiebe. Allein unsere unbeugsame Lernmotivation und unsere Fähigkeit, über uns selbst zu lachen, ließ uns diese unausweichliche Körpernähe ertragen. Es gab Abende, an denen wir heilfroh waren, uns endlich loslassen und auseinandergehen zu können. Später konnte ich miterleben, wie aus dem gleichen Grunde sonst recht liebevolle und körperlich in jeder Weise aneinander gewöhnte Lebenspartner ihre gegenseitigen Aggressionen nur noch wegen der anderen Anwesenden beherrschen konnten, wenn überhaupt. Ihnen mußte wohl der bislang anscheinend so verführerische und anschmiegsame Körper des Partners besonders sperrig und widerständig erscheinen. Es schien mir, als wären sie regelrecht gekränkt von dieser neuen Erfahrung des anderen und wüßten nicht, gegen wen sie diese Enttäuschung wenden sollten. Bei Paaren, die offensichtlich versuchten, durch den Tango noch einmal ihre schon länger abgekühlte Emotionalität aufzuwärmen, erstarrte diese in solchen Situationen sichtbar und endgültig zu Eis.

Tango ist erst einmal **Frust** und nicht **Lust**

Die Tätigkeit des Führens, die für mich in meinem Berufsleben auch gegenüber dem weiblichen Geschlecht nicht ungewohnt ist, wurde mir hier erst in ihrer ganzen Zwiespältigkeit bewußt. Im privaten und freizeitlichen Bereich - und dazu gehört ja auch das Tanzen - wünsche ich mir nämlich auch gegenüber Frauen ein eher partnerschaftliches Verhalten. Nur im Bett gibt es für mich - wenn auch mit wechselnden Rollen - wieder so etwas wie Führung und die dafür notwendige sexuelle Aggressivität und Dominanz.

Tango ist, wenn Führer und Geführter gleichberechtigt sind

Das Problem beim Tango ist jedoch, daß mir dort als Mann weder die sexuell-körperliche Begierde noch die beruflich-sprachliche Autorität als Führungsmittel zur Verfügung stehen. Nicht, daß ich den Tango als asexuell empfinde, im Gegenteil. Aber die Sexualität hat hier nicht die körperliche Führungsrolle, sie gibt nicht die Richtung und Form der Figuren an. Selbst wenn manche Bewegungen - wie z.B. das Zwischen-die-Beine-der-Frau-gehen - so aussehen. Die Führung übernimmt mit wenigen Ausnahmen der Oberkörper des Mannes, und hier gibt es nichts, womit der Mann auch nur andeutungsweise bei der Frau eindringen könnte. Er kann, wenn überhaupt, nur „eindrücken“, und das ist den meisten Frauen selbst bei großer körperlicher Sympathie nur sehr begrenzt angenehm. Trotzdem bedarf es auch in diesem restriktiven Aggressionsrahmen deutlicher körperlicher Zeichen, um gut, also für die Frau fühlbar zu führen. Das verlangt eine Sensibilität, die den meisten Männern auf Grund ihrer Sozialisation schlicht fehlt. Anders ausgedrückt: sie sind in dieser Situation in doppelter Weise entmachtet. Weder ihre genitale noch ihre verbale Aggressivität ist einsetzbar. Es ist von daher nicht verwunderlich, daß es in der Tangoszene einen strukturellen Frauenüberschuß gibt. Die meisten Männer spüren von vornherein und irgendwie instinktiv, daß sie damit überfordert sind. Zumindest aber merken sie bei den ersten Versuchen sehr schnell, daß sie dabei nicht gut aussehen. Erst recht nicht im Vergleich zu Männern, die in dieser Beziehung viel weiter sind. Diese haben nämlich schon gelernt, daß Führung beim Tango eben nicht mit Machtausübung zu verwechseln ist. Macht gibt es hier, wenn überhaupt, nur im Sinne von Wirksamkeit. Ich will als Führender beim Geführten nicht Unterwerfung, sondern Wirkung erzeugen. Diese Wirkung entsteht aber nicht ohne sein eigenes Zutun, nicht ohne Energieeinsatz des Geführten.

Dabei ist, so sagen die Experten, die wesentlich physische und zugleich sinnliche Aufgabe der Tänzer, zwei Körperachsen in aufrechter Harmonie zueinander und zur Musik zu halten. Ein großer Teil meiner Arbeit an mir selbst war diese Aufrichtung, genauer gesagt diese Selbstaufrichtung und zwar als Teil einer hochkomplexen, figuralen Führungstätigkeit. Das ist für die meisten Männer Schwerstarbeit und verlangt enorme Selbstdisziplin und Übung, sprich tanzen, tanzen, tanzen. Vor allem am Anfang, egal ob man Lust hat oder nicht.

Tango ist Arbeit an sich selbst

Im wahrsten Sinne des Wortes lernte ich das, was ich bis dahin nur politisch-intellektuell verstand: den aufrechten Gang. Von Übungsstunde zu Übungsstunde, von Tanz zu Tanz, von Monat zu Monat. Ich bemerkte erst jetzt, wie sehr mich meine kopflastige Lebensweise sprichwörtlich gebeugt hatte und ich begriff dabei, daß diese Art der Entmachtung meiner Männlichkeit nicht nur Verlust, sondern zugleich auch Gewinn war: Ein Gewinn an Verhaltens- und Ausdrucksmöglichkeiten.

Zuerst wurde mir jedoch in manchmal beängstigender Weise die Verlustseite deutlich, war doch das, was mir bislang an mir selbst als positiv oder zumindest als normal erschien, auf einmal ein Mangel. Jede Kritik, die mehr oder weniger offen von Seiten der Lehrer oder der Tanzpartnerin an mich gerichtet wurde, traf mich mit doppelter Härte. Zum einen, weil ich sie häufig gar nicht verstand und mir dann schlicht dumm vorkam. Zum anderen, weil sie mich, wenn ich sie verstand, zugleich in meiner männlichen Identität und damit ins Herz meiner Persönlichkeit traf.

Die schlichte und zugleich eindeutig verzweifelt klingende Aussage „Ich weiß einfach nicht, was du willst“, ist, wenn sie mitten im Tanz von der seit langem gewünschten Partnerin formuliert wird, einfach niederschmetternd. Noch härter ist es, gleich einen Korb zu bekommen und anschließend zuzusehen, wie die Befragte seligen Blickes irgendeinem „Idioten“ in den Armen liegt, nur weil er gut führen kann. Ich war nicht der einzige Mann, dem es so ging. Nicht nur ich wollte, als ich mich zum ersten Mal von der Tanzstunde zu einem richtigen „Salon“ traute, angesichts der gnadenlos überlegenen und weiblicherseits hofierten Tangokönige für immer das tangofreie Weite suchen. Erst recht, als mir die alten Hasen freundlich herablassend klar machten, daß es „ein paar Jährchen“ dauern könnte, bis ich – wenn überhaupt - ihre Souveränität erreichen würde.

Aber ich bin nun mal ehrgeizig und - was noch viel wichtiger war - ich hatte das untrügliche Gefühl, daß in mir etwas steckte, was ich noch nicht kannte und zugleich dringend brauchte. Das spürte ich schon am besagten Abend der Verführung und deshalb wird mir auch die Frau, die dieses Gefühl in mir beim Zuschauen erregte, nie aus dem Gedächtnis gehen. Heute würde ich es als eine unbestimmte Sehnsucht nach Zärtlichkeit bezeichnen. Natürlich war mir bis zu diesem Zeitpunkt Zärtlichkeit auch nicht fremd. Aber gegenüber einer Frau war sie immer von einer seltsam unausweichlichen Bettorientierung. Sachlicher ausgedrückt : sie war bis dahin immer nur Mittel zum Zweck, stand nie für sich selbst, war nie ein eigenständiger, sich selbst genügender Genuß. Genau das hat sich durch den Tango geändert.

Voraussetzung dafür war ein erbitterter und hartnäckiger Kampf mit mir selbst. Mit tieftraurigen, ja verzweifelten aber auch mit fröhlichen, geradezu glücklichen Momenten. Wobei die letzteren nach einiger Zeit kontinuierlich zunahmen, nicht zuletzt weil ich Lehrer fand, die mich verstanden und Tänzerinnen, die trotz ihres höheren Niveaus und meiner Führungsmängel mit mir auf´s Parkett gingen. Ich bin durch den Tango keineswegs ein Softy geworden, aber doch ein körperlich feinfühligerer Mann.

Meine neu gewonnene Feinfühligkeit zeigte sich vor allem darin, daß ich anders mit meiner Sexualität umgehen lernte. Ich begriff, daß Tango sich auf das Begehren beschränkt, ja daß er sich geradezu dadurch definiert, daß das Begehren des anderen Körpers nicht erfüllt wird. Dies wäre ja auch das Ende des Begehrens. Das Begehren selbst ist die Erfüllung und dadurch, daß es nicht in die Tat umgesetzt wird, kann es immer wiederholt und in seiner ganzen Intensität entfaltet werden. Mit dem entsprechenden und dazu bereiten Partner kann sich dann auch sexuelle Erregung entfalten. Aber sie wird dominiert von etwas, das ich als „Zärtlichkeit im Stehen" bezeichnen möchte. Eine Zärtlichkeit die eben nicht automatisch die Vorbereitung auf die geschlechtliche Vereinigung bedeutet, geschweige denn darin enden muß.

Tango ist getanzte Zärtlichkeit

Vielmehr ist diese körperliche Umgangsweise ein Bestandteil der Führung. Führung ist beim Tango nämlich ohne Zärtlichkeit für den Geführten nicht möglich, sonst würde sie zur puren Körpertechnik degradiert oder zur puren Sexualität aufgedreht. Diese Zärtlichkeit hat erst einmal auch nichts mit Liebe zu tun, geschweige denn mit der Bevorzugung eines Menschen vor einem anderen. Sie ist hier nichts anderes als mitfühlende körperliche Zuwendung, die bei jeder eigenen Bewegung Rücksicht auf die Bewegungsmöglichkeiten und Wünsche des anderen nimmt. Das ist nicht mit Langsamkeit gleichzusetzen, obwohl langsames Tanzen, das „schlichte" Stehen eingeschlossen, durch diese Art der Zuwendung überhaupt erst richtig genossen werden kann. Die hier gemeinte Zärtlichkeit ist auch bei größter Dynamik der Bewegungen, die einen positiven Umgang mit der aggressiven Seite von Körper und Seele fordert, immer noch ein notwendiger Teil der Auseinandersetzung mit dem Tanzpartner. Führen und Folgen sind dabei zwei Seiten der gleichen Medaille, des unbedingten und ständigen Achtens *auf*einander. Das geht jedoch nicht ohne Achtung *vor*einander. Diese ist weniger geistiger als seelisch-körperlicher Natur, denn die sprachliche Verständigung spielt dabei eine absolut untergeordnete Rolle. Sofern man den Tango nicht selbst als Sprachform betrachtet. Dann jedoch würde ich ihn als Sprache der Zärtlichkeit, als nonverbale, auf gegenseitigem Respekt und Rücksichtnahme basierende Körpersprache bezeichnen. Der Sinn dieser Sprache wäre - nicht umsonst sind die beiden Worte verwandt - die Sinnlichkeit selbst.

Mit dem Erlernen dieser neuen Sprache begann ich Schritt für Schritt auch die damit verbundene Universalität dieser Art der körperlichen Einheit zweier Menschen zu begreifen. Eine Einheit, die in der Regel folgenlos bleibt, obwohl sie immer wiederkehrt und nicht nur auf einen Partner beschränkt ist. Sie ist so universell wie die Musik, die zu dieser Harmonie führt, weltweit nach dem gleichen Rhythmus gespielt und nach den gleichen Regeln in Tanzschritte umgesetzt. Ich begriff aber auch, wieso einige Männer, die ich noch bei meinen ersten Kursen regelmäßig sah, immer seltener und dann gar nicht mehr zu den Salons kamen. Wer ohnehin keine besondere Motivation zum Tanzen hat und zugleich seine emotionalen Streicheleinheiten woanders mit viel weniger Aufwand bekommt, muß schon etwas seltsam gewickelt sein, wenn er sich diesen Kampf mit sich selbst antut.
Ich jedoch hatte mich auf eine Reise zu mir selbst begeben. Eine Reise, auf der ich der Frau begegnete, der jeder Tangotänzer früher oder später begegnet. Der Frau, mit der ich zum ersten Mal die Tiefe und die Natürlichkeit dieser den Tango ausmachenden triadischen Harmonie zwischen zwei Menschen und einer Musik erfuhr.

Tango ist eine triadische Harmonie zwischen **zwei** Menschen und **einer** Musik

Ich kannte sie nicht und hatte sie auch nie zuvor gesehen. Es kostete mich einigen Mut, sie aufzufordern, denn ich fühlte mich noch keineswegs als souveräner Tänzer. Sie gestand mir, daß sie auch noch nicht so lange Unterricht hätte. Das beruhigte mich etwas. Was danach geschah, hatte ich noch nie in meinem Leben erlebt: Totale körperliche und seelische Nähe zu einem wildfremden Menschen innerhalb von nicht einmal 60 Sekunden. Als hätte jemand diese Musik speziell für uns beide geschrieben und so lange mit ihrer Veröffentlichung gewartet, bis wir uns zum ersten Mal gegenüberstanden. Als hätte der Baumeister unserer Körper den jeweils anderen von vornherein mit berücksichtigt. Sie war sichtlich darüber genauso verstört wie ich. Erst nach dem vielleicht zehnten Tanz trauten wir uns, diesen Rausch durch ein paar unbeholfene Sätze zu stören.
Wie hätte man auch das, was ich mit ihr erlebt hatte, in Worten ausdrücken können? Nein, ich hatte mich nicht verliebt, ich hatte nicht einmal sonderlich sexuelle Lust auf diese Frau, obwohl sie eine wunderschöne Figur hatte. Ich war vielmehr im Inneren des Tangos angekommen und erinnerte mich spontan an den Abend meiner Verführung. Es war auch damals nicht eine bestimmte Frau, die mich in den Bann zog. Es war vielmehr beide Male eine neue Erfahrung des anderen, des weiblichen Geschlechtes. Nur, daß diesmal aus dem verführerischen Bild greifbare Wirklichkeit geworden war. Es war die Erfahrung eines gerade wegen seines Andersseins gänzlich gleichgewichtigen und gleichberechtigten Körpers, mit dem ich mich völlig sprachlos und ohne ihn sexuell zu vereinnahmen, auseinandergesetzt hatte. In einer absolut erfüllenden Weise. Die Frau war vollkommen präsent, und sie war, obwohl sie noch keine der Verzierungen und Initiierungen von Figuren ausführen konnte, absolut aktiv. Ich führte sie zwar, aber es war ihre Energie, die diese Figuren füllte. Und je mehr wir uns verstanden, desto mehr brachte sie ihre eigene Dynamik und Widerständigkeit in unseren Tanz ein. Sie tat dies in einer Deutlichkeit wie noch keine meiner Tanzpartnerinnen zuvor. Sie traute sich und vertraute dabei zugleich auf sich selbst und auf meine Flexibilität. Das wichtigste aber war wohl, daß wir ein sehr ähnliches Musikverständnis und vor allem ein fast synchrones Rhythmusgefühl hatten oder entfachten. Ich weiß es nicht mehr genau. Es war wie ein gemeinsamer Herzschlag. Von Tanz zu Tanz begannen wir spontan unsere Atemweise einander anzupassen. Wir konnten uns Raum lassen und zugleich sehr eng bei-

einander bleiben. Sie hatte keine Angst vor dieser Nähe und diese Selbstverständlichkeit übertrug sich auf mich. Ich traute mich auch figurenmäßig mehr als sonst. Manche Bewegungen, die wir machten, hatte ich nie zuvor in dieser Weise vollführt. Es war nichts Weltbewegendes, nichts, was die Blicke der anderen auf uns gelenkt hätte. Dazu waren wir beide zu diesem Zeitpunkt technisch noch nicht weit genug. Und selbst wenn es so gewesen wäre, wir hätten es gar nicht bemerkt. Unser Tanz war im handwerklichen Sinne auch keineswegs perfekt. Im Gegenteil, es gab kleine Hakeleien und Holperer. Aber wir flogen in unserer grundsätzlichen Harmonie darüber hinweg oder lachten sie einfach aus und uns an. In unserem Glück standen wir auch zwischen den Tänzen Hand in Hand da und fanden das ganz normal. Bis zum Ende dieses Abends haben wir uns nicht viel mehr gesagt als unsere Namen, und mehr hatte mich zum ersten Mal in meinem Leben auch nicht interessiert. Als wir endlich nach vielen, vielen Sets völlig verschwitzt auseinander gingen, war uns das gar nicht so recht bewußt. Für mich zumindest war sie weiter gegenwärtig. Erst zu Hause, als ich allein in meinem Bett lag, wurde mir richtig klar, daß sie schon lange weg war. Aber da war ich auch schon fast eingeschlafen.

Tango ist ein ideales Antidrepessivum

Und das vor allem, wenn die „floorfiller" gespielt werden: Tangowaltz und Milonga. Der erste ist ein Tango im Walzertakt, im Gegensatz zum klassischen Stil eher leichtfüßig und melodisch, eher in Dur als in Moll. Der zweite ist eine Art Tangopolka, eine sehr schnelle, schnörkellos-rhythmische, geradezu fröhliche Tanzweise. Beide sind den Tangounerfahrenen meistens unbekannt. Deshalb verbinden Außenstehende den Tango häufig mit Melancholie und die Tangoszene mit Menschen, die depressiv gestimmt sind. Die Tangoleute, die ich kennengelernt habe, machten auf mich jedoch keineswegs den Eindruck, trauriger zu sein als der Durchschnittsbürger. Sie leben vielleicht eher ihre Trauer aus, und der klassische Tango in seiner manchmal quälenden, aber nie langweiligen Moll-Tonart ist dafür wie geschaffen. Entstand er doch als Tanz von Einwanderern in einer Situation von Heimweh und Abschied. Allerdings mit der Wirkung, daß diese Trauer in harmonische Bewegung transformiert, sozusagen weggetanzt werden kann. Unabhängig von der spezifischen historischen und kulturellen Situation kann der Tango auch heute noch die gleiche Wirkung erzeugen und als ein ideales, weil körperlich unschädliches Antidepressivum wirken.

Jeder Paartanz und insbesondere der Tango Argentino fordert eine totale Konzentration auf den Körper. Man denkt mit dem Körper, und das ist die beste Möglichkeit, unangenehme Gedanken und sonstige Grübeleien zu vertreiben. Tango ist, so sagte einst ein berühmter Dichter, ein trauriger Gedanke, den man tanzen kann. Aber er vergaß hinzuzufügen, daß dessen Traurigkeit eben genau dann zu verschwinden beginnt, wenn man ihn körperlich auslebt.

Die mit dem Tangotanzen verbundene körperliche Anstrengung tut dann das ihrige dazu. Da die meisten Tangoliebhaber bei ihren Treffen fast durchgehend das Tanzbein schwingen, gehen sie gewöhnlich wohlig-müde und absolut entspannt nach Hause, selbst wenn sie ganz anders gestimmt den Abend begonnen haben. Ich glaube sogar, daß dieser „Effekt" - wenn auch für viele unbewußt - einen Teil der Tangosucht ausmacht. Im Gegensatz zu anderen Drogen, wo nur das Dabeisein schön ist, danach aber das pure Elend beginnt, tut der Tango Argentino auch danach gut.

Der Tango hat aber auch noch eine andere Seite, über die unter Tangoleuten nicht so gerne - zumindest nicht öffentlich - gesprochen wird. Der Tanz als kollektives Phänomen existiert nun mal nicht neben und außerhalb der Gesellschaft und ihren sozialen Prozessen und Strukturen. Er bildet genauso wie diese Hierarchien aus, schafft Identität und ermöglicht so Abgrenzungs- und Kompensationsmöglichkeiten. Hinter dem äußeren Schein von Wärme und Zugewandtheit, symbolisiert durch die Küßchen als Begrüßungsritual, ist das wirkliche „Sein“ von Konkurrenz und Neid nicht gleich sichtbar. Wer jedoch aufmerksam hinschaut oder sogar „dazugehört“, dem eröffnen sich sehr bald (auch) die (eigenen) Abgründe des Menschlichen in dieser doch so auf Harmonie bedachten Szene. Insofern ist die Tangowelt bei näherer Betrachtung sogar angenehm normal, und wer diese Doppelbödigkeit durchschaut und vor allem akzeptiert hat, wird auch dort Freundschaft, ernst zu nehmende Gesprächspartner und immer wieder liebevolle Tanzerlebnisse finden. Eines muß jedoch zu allererst klar werden: Tanz ist nicht nur Harmonie nach innen, sondern auch Mittel zur Außendarstellung. Das gilt für Frauen und Männer gleichermaßen. Der, mit dem beides optimal gelingt, ist in der Regel ein begehrter Partner. Unabhängig von seinen guten oder schlechten Eigenschaften und vor allem unabhängig von Zuneigung, Freundschaft oder gar Liebe.

Tango ist AUSLESE

Das heißt, nur der gute Tänzer oder die gute Tänzerin haben die Chance auf die volle Anerkennung der Tangogemeinde. Natürlich tanzen auch gute Tänzerinnen mit einem weniger qualifizierten Mann, weil er „einfach nett“ ist oder sie ihm in anderer Weise zugetan sind. Allerdings nur so lange, wie kein besserer Tänzer greifbar ist. Denn nur dieser „Bessere“ ermöglicht einer guten Tänzerin, ihr ganzes Können auch nach außen zu zeigen. Gute Tänzer dagegen neigen dazu, weniger fortgeschrittene Tänzerinnen und insbesondere Anfängerinnen im wahrsten Sinne des Wortes einzuführen. Vor allem, wenn sie jung sind, gut genug aussehen und zur Anschmiegsamkeit neigen. Aber auch bei den männlichen „Könnern“ gilt: ist die Lieblingstänzerin da, mit der es immer wieder und sicher gelingt, die eigenen Führungsqualitäten nicht nur für die Partnerin einfühlsam, sondern auch für alle Zuschauer sichtbar zu demonstrieren, dann ist sie die Auserwählte.

Dieses Grundprinzip bewirkt eine diffizile Hierarchie, die in der komplexen Realität natürlich von allerlei persönlichen Zu- und Abneigungen, schlechten und guten Erfahrungen und vor allem durch immer wieder neu geschürten Neid und Häme überlagert wird. Wie im richtigen Leben eben. Ich habe dieses soziale System am Anfang weder durchschaut noch verstanden. Nicht zuletzt, weil ich auf Grund meines niedrigen Tanzniveaus einfach keine Auswahlmöglichkeit hatte. Mittlerweile wähle ich selber aus. Vielleicht nicht so selbstverliebt und rigoros wie andere. Aber auch ich habe meine „Lieblingstänzerinnen“ und bin umgekehrt die bevorzugte Wahl von einigen Tangueras. Es macht mit ihnen einfach mehr Spaß als mit allen anderen. Nicht nur wegen der Selbstdarstellung, sondern wegen dieser oben beschriebenen triadischen Harmonie, die eben nicht mit jeder Partnerin – unabhängig von ihrem Tanzniveau - gelingt. Körperlicher Einklang läßt sich nun mal nicht allein durch die handwerkliche Beherrschung des Tanzes herstellen, auch wenn sie eine wichtige Voraussetzung dafür ist. Erst recht nicht das Gefühl, das ich als sinnliche Zärtlichkeit bezeichnet habe. Ich habe jedoch die Kränkungen meiner Anfängerzeit noch nicht vergessen und mir angewöhnt, grundsätzlich keinen Korb zu geben, wenn ich aufgefordert werde. Dabei habe ich die Erfahrung gemacht, daß es nur sehr wenige Frauen gibt, mit denen es nach normalen

Anfangsschwierigkeiten auf der Tanzfläche partout nicht funktioniert. Man muß nur die Bereitschaft haben, sich auf ihre persönlichen Eigenheiten einzustellen anstatt sie als „Mängel“ zu disqualifizieren.

Das alles sieht für das weibliche Geschlecht ganz anders aus, denn in der Tangoszene herrscht zumindest bei den größeren Veranstaltungen, in der Regel Frauenüberschuß. Das heißt für die Frauen mehr Konkurrenz als sonst ohnehin schon üblich. Sie haben ganz objektiv nicht so viel Auswahl wie die Männer und neigen wie alle menschlichen Wesen mehrheitlich zur Anpassung an die Verhältnisse. Manchmal in einer Form, die selbst für mein männliches Empfinden erschreckend erscheint. So manche Frau habe ich dahinfließen sehen, wenn sie von einem anerkannt guten, ja möglicherweise dem besten Tänzer weit und breit endlich aufgefordert wurde. Ich sah förmlich die neue Krone auf ihrem erhobenen Haupt, wenn es mit ihm für alle sichtbar gut geklappt hatte. War jedoch das Gegenteil passiert, brach für manche offensichtlich eine ganze Welt zusammen.

Tango ist für Frauen Männermangel...

Ich selber kann mich gut daran erinnern, wie sich das erste Mal eine Tänzerin bei mir bedankte, daß ich ihre „Fehler“ nicht geahndet sondern darüber hinweg getanzt hatte. Ich wußte erst gar nicht, was sie meinte und gestand ihr, daß ich diese „Fehler“ eigentlich gar nicht richtig bemerkt hätte. Sie lachte erleichtert und zugleich auch amüsiert. Erst später, als ich mit immer mehr Frauen ins Gespräch kam, wurde mir das wahre Ausmaß ihrer Anpassung an die „Mehrheitsverhältnisse“ bewußt. Die Angst, aufgrund irgendeines „Fehlverhaltens“ nicht mehr wieder aufgefordert zu werden, ist bei ihnen eben nicht auf ihre Anfängerzeit begrenzt. Sie sind selbst dann – wenn auch auf hohem Niveau – noch „Ausgelesene“, wenn sie ausgezeichnete Tänzerinnen geworden sind, und das prägt natürlich erst recht die Verhaltensweisen der weniger guten Tänzerinnen. Selbstbewußte Frauen lassen sich dadurch nicht unterkriegen, aber der Solidarität untereinander ist diese objektive Situation natürlich nicht förderlich. Anfangs wurde ich durch ihr geradezu demonstratives gegenseitiges Harmoniegehabe getäuscht. Vielleicht täuschen sich die Frauen ja unbewußt auch selbst, um diese objektiv beschämende Situation aushalten zu können. Vielleicht aber täusche ich mich. Vielleicht sind die Frauen ja tatsächlich solidarischer untereinander als Männer. Wer jedoch einmal die Genugtuung und vor allem die Erleichterung auf den Gesichtern der Tangueras gesehen hat, wenn in einem Salon ausnahmsweise die Männer deutlich in der Überzahl sind, wird mir zustimmen.

Für die Männer bedeutet der strukturelle Frauenüberschuß dagegen die Chance, den „kleinen König“ spielen zu können auch dann, wenn ihre Tanzqualitäten objektiv noch keineswegs zur gehobenen Klasse gehören. Das gilt erst recht, wenn sie nach gängigen Maßstäben gut aussehen oder wirklich zur tänzerischen Oberschicht gehören. Da werden Frauen schon mal mit dem Satz von der Tanzfläche geschickt, sie sollten in einem Jahr wiederkommen. Da gibt es statt eines Korbes die nette Mitteilung, daß „leider“(!) schon mehrere Tänzerinnen auf der Warteliste stehen. Da läßt man sich auf dem Parkett hofieren und bei Bedarf auch gleich mit dem Auto hin und weg chauffieren.

Der Mensch, egal ob Mann oder Frau, braucht offensichtlich in einigen Lebensbereichen die Erfahrung einer erfolgreichen Selbstdarstellung, um seiner selbst sicher zu sein. Deshalb neigt er zwangsläufig dazu, etwas, was ihm in einem Lebensbereich nicht gelingt, durch einen anderen zu kompensieren. Bedenkt man nun, daß gerade der Tango ein ganzes Füllhorn an Selbstdarstellungsmöglichkeiten über diejenigen ergießt, die ihn ausdrucksstark beherrschen, dann ist er ein geradezu ideales Kompensationsmittel. Erst recht für die Männer, da sie durch den Frauenüberschuß ohnehin schon auf der Sonnenseite stehen. So werden auch diejenigen, die diese Kompensation eigentlich gar nicht brauchen, immer wieder verlockt, den „kleinen König“ zu demonstrieren. Die Selbstinthronisierung der Bedürftigen aber ist schlicht unvermeidlich. Ja vielleicht wird dieser Typ Männer durch das spezielle Tangomilieu sogar in besonderer Weise angezogen. Solche zum Beispiel, die außerhalb der Tanzfläche vom weiblichen Geschlecht gar nicht wahrgenommen oder vielleicht sogar bewußt übersehen würden. Oder auch diejenigen, die zwar attraktiv aussehen, auf den zweiten Blick aber nicht viel mehr als das zu bieten haben. Ob meine Vermutung stimmt, können letztlich nur die weiblichen Leser dieser Zeilen entscheiden.

Für mich erklärt dieser psychologische Hintergrund aber auf jeden Fall den verbissenen Ehrgeiz mancher Tangueros, der offensichtlich nur wenig mit der schlichten Lust an der Musik und am Tanz zu tun hat. Diese Männer finden über kurz oder lang auch ihr weibliches Pendant. Für solche Paare wird die normale Tangosucht zur Tangomanie mit dem Ergebnis enormer und bewundernswerter Tanzleistungen. Diese wirken aber dann auf seltsame Weise unecht und blasiert, manchmal geradezu komisch. Ein Eindruck, der übrigens den ganzen Tango bestimmt, wenn auch nicht in der beschriebenen künstlich-verbissenen Form. Diese manchmal etwas angestrengte Leidenschaftlichkeit, dieses Nicht-mehr-unterscheiden-Können zwischen Pose und wirklichem Gefühl, kann „normale“ Menschen trotz ihrer Begabung von diesem Tanz abhalten. Diese Einstellung mißinterpretiert die Szene gerne als Banausentum, zumindest aber als Unkenntnis. Dabei ist diese Dis-Tanz bei näherer Betrachtung ohne weiteres nachzuvollziehen.

... und für Männer **Mangel** an sich selbst

Es ist nicht nur die Sucht nach Harmonie zwischen den Partnern, sondern die Sucht nach Gefühlen überhaupt, die sich durch den Tango in besonderer Weise befriedigen läßt. Genauer gesagt ist es die Sucht nach der Ausdrückbarkeit der Gefühle, nach ihrer körperlichen Manifestation. Daß es dabei häufig nur bei der Darstellung bleibt, ist verständlich. Denn so viele und so andauernd intensive Gefühle kann der Normalsterbliche kaum aufbringen, daß er sie an mehreren Abenden in der Woche authentisch im Tanz ausdrücken könnte.

Und dennoch ist der Tango für die Aktiven - und das gilt selbst für die „Kompensationszwängler" unter ihnen - eben nicht nur Fassade. Auf jeden Fall nicht die ganze Zeit. Es gibt - wie ich an anderer Stelle beschrieben habe - diesen Rausch, diese Trance, diesen Swing beim Tangotanzen und er kann mehrere Tänze nacheinander anhalten. Eine Tanguera, deren beeindruckend intensiven und zugleich so gar nicht aufgesetzt wirkenden Tanzstil ich immer wieder bewundere, sagte mir einmal: „Für die Zeit des Tanzes gehöre ich dem Mann, mit dem ich tanze". Sie sagte das ohne jede Ironie oder Doppeldeutigkeit und sie sagte es so spontan und zugleich überzeugt, daß ich sprachlos war. Eine gestandene, erfahrene, kluge, nach gängigen Kriterien als emanzipiert geltende Frau sagte das, als wäre es das Selbstverständlichste von der Welt.

Tango ist Hingabe an einen Fremden

Jetzt, wo ich das schreibe, habe ich sie begriffen. Ja, man gehört seinem Tanzpartner beim Tango und nur so kann der Tanz in seiner ganzen Fülle und Intensität gelingen. Man teilt mit dem Partner, wenn auch für eine sehr begrenzte Zeit, seinen Körper und stellt sich völlig auf ihn ein. Auch als Führender. Tut man es nicht, kann es zwar immer noch so aussehen wie Tango, die eigentliche Qualität dieses Tanzes kommt dann jedoch nicht oder nur sehr begrenzt zur Entfaltung. Diese Intensität ist nicht mit körperlicher Enge, mit sexuellem Kontakt zu verwechseln, obwohl das natürlich auch dazugehören kann. Es ist der Körper*raum*, der miteinander geteilt wird. Zwei Menschen schaffen zusammen einen neuen Körperraum, in dem sie völlig voneinander abhängig sind. Er existiert überhaupt nur über ihre gegenseitige Abhängigkeit und es ist ihre gegenseitige Anpassungsfähigkeit, die diesen Raum gestaltet, ihn ausfüllt, schmückt und dadurch ständig verändert.

Diese Hingabe an einen anderen entsteht durch die grundsätzliche Bereitschaft, sich in dieser Weise auf ihn einzulassen. Tango ist, wenn man es aus diesem Blickwinkel sieht, nichts anderes als eine zwar nur situative, aber zugleich totale Offenheit. Natürlich spielen dabei körperliche Sympathie und Attraktion eine wichtige Rolle, aber sie sind nicht alles. Es ist die Bereitschaft selbst, die man von vornherein und ohne Ansehen eines konkreten Tanzpartners in die Tanzsituation einbringt. Erst dadurch wird diese Hingabe auch gegenüber einem Menschen möglich, den man nie zuvor gesehen hat und dem man danach womöglich nicht noch einmal begegnen wird.

Ich erinnere mich noch sehr genau, wie mich zum ersten Mal eine korpulentere, nach gängigen Schönheitskriterien eher unattraktive Frau aufforderte. Mit Schuhen etwa meiner Größe, dunklem Haar und einem interessanten, sympathischen Gesicht. Sie schien mit meiner Absage zu rechnen und ich muß zugeben, daß ich die kurze Zeit, die mir zur Entscheidung blieb, wirklich schwankte. Mal wieder das Auslesesyndrom. Aber da war auf einmal Neugierde und etwas, was ich aus heutiger Sicht als eben diese Offenheit bezeichnen würde, die ich im vorigen Kapitel beschrieben habe. Ich gab mir einen kleinen inneren Schubs, lächelte sie an und sagte: „Natürlich tanze ich mit Dir". Das Wörtchen „natürlich" mag für den Zweifler und Moralisten erst einmal nach abgestandener Floskel, zumindest aber nach charmanter Lüge klingen. Aber es war weder das eine noch das andere. Es war die erste Stufe der Öffnung gegenüber einem mir in doppelter Weise fremden Menschen. Ich kannte sie nicht, und ich wäre außerhalb des Tangos auch auf diesen Frauentyp nicht zugegangen.

Jetzt tat ich's. Ich kam ihr sogar näher als ich es mir bei diesem Typ von Frau je in meinem Leben hätte vorstellen können. Nein, sie erschien mir nicht abstoßend, aber sie war - die weiblichen Leser mögen mir diese flapsige Ausdrucksweise verzeihen - spürbar ein anderes „Kaliber" als ich es bisher gewohnt war. Positiv betrachtet war sie einfach nur rund, viel runder als die meisten Frauen in der Tangoszene. Zu meiner Überraschung fühlte sich das jedoch besser an, als ich es erwartet hatte. Allerdings zuerst ungewohnt, weil ihre Körperfülle einfach mehr Raum und damit eine ganz andere Armhaltung erforderte. Auch eine größere Sorge für mein Gleichgewicht war nötig. Für ihres sorgte sie glücklicherweise selbst, weil sie offensichtlich eine gute Tänzerin war.

Von Tanz zu Tanz gewöhnte ich mich besser an sie und ihren Körper und umgekehrt sie sich offensichtlich auch an mich. Ja, sie war wirklich rund und ungefähr beim fünften Tanz fand ich sogar, daß sie wunderbar rund war, geradezu herrlich rund, denn sie konnte mit ihrer Rundheit tänzerisch hochflexibel und in jeder Weise souverän umgehen. Ich hatte mich noch nie in meinem Leben von einer Frau in so angenehmer Weise „umzingelt" gefühlt. Insbesondere bei ihren Ochos, die sie perfekter beherrschte als viele der weniger runden Tangueras.

Tango ist eine ***runde*** **Frau**

Ich kenne sie zwar bis heute nicht viel näher als an diesem Abend. Aber seitdem tanze ich fast jedes Mal mit ihr, wenn ich sie sehe, und zwar nicht obwohl, sondern gerade weil sie so rund ist. Wir beide wissen von unserem speziellen Genuß, obwohl wir nie darüber geredet haben. Vielmehr wissen es unsere Körper und deswegen brauchen wir auch gar nicht darüber zu reden. Wenn wir uns sehen, spüren wir es einfach und fühlen uns voneinander angezogen. Sie weiß, daß ich unabhängig von meinen sonstigen Prinzipien nie „nein" sagen könnte, wenn sie mich auffordert. Umgekehrt ist es das gleiche. Und wir wissen beide, daß sich das auch nicht ändern wird. Damit ist auch der zentrale Unterschied zwischem einem Tanzpaar und einem Lebenspaar, das auch außerhalb des Tangos zusammen ist, angesprochen.

Es ist diese situativ manchmal so vollkommene Hingabe eines Tanzpaares, auf die man als Zuschauer sowohl bewundernd als auch abgrundtief neidisch reagieren kann. Vielleicht gerade, weil sie so flüchtig ist und damit folgenlos bleibt. Diese zwiespältigen Gefühle wirken erst recht, wenn einer der Tanzenden der Mensch ist, mit dem man sich entschlossen hat, das Leben zu teilen. Dauerhaft und unter Ernstbedingungen, also auch wenn es schwer und bitter ist. Damit bin ich bei einem Thema angelangt, das in der Tangoszene am meisten unter den Tisch gekehrt wird: der Eifersucht.
Wer hierzu stärker neigt als der Durchschnitt, sollte die Finger vom Tango lassen oder seinen Partner zumindest auf dem Parkett an sich ketten. Denn ein hingebungsvoll getanzter Tango ist nichts anderes als eine - wenn auch sanfte und sehr begrenzte - Form der Untreue. Es gibt Paare, denen es zu ihrem eigenen Vorteil gelingt, diese „sanfte Untreue" auszuschließen. Auch wenn sie sich damit, wie ich finde, eines der wichtigsten Tangoerlebnisse grundsätzlich und gegenseitig abschneiden. Denen, die hier nicht so erfolgreich sind, die also nicht genügend Vertrauen in ihre Liebe bzw. in die des Partners haben, droht über kurz oder lang die Trennung. Oder ein Dauerstreit, der letztlich das gleiche bedeutet.
Das Problem der Eifersucht findet seine Lösung in zwei sich ergänzenden Typen von Tänzern und Tänzerinnen. Dem „symbiotischen Paar" und dem „streunenden Wolf" bzw. der „Wölfin". Natürlich gibt es auch hier große individuelle Unterschiede. Vor allem bei den symbiotischen Paaren. Manche bekommt man in gewisser Weise gar nicht zu sehen, weil sie nie oder nur äußerst selten zu Salons und Bällen gehen. Sie machen zwar Kurs um Kurs, scheinen aber im Wesentlichen zu Hause, also ungestört von jeglichen Konkurrenten, dem Tango zu frönen.
Wenn sie jedoch einmal auftauchen, dann tanzen sie nur mit ihrem Partner, der meistens auch der Lebenspartner ist. Sollte dann doch einmal ein anderer zum Zuge kommen, dann wird er - gerade wenn es mit ihm gut klappt - schon nach wenigen Tänzen wegkomplimentiert. Da man sich in der Szene kennt, kommt dieser Fall aber meistens erst gar nicht oder nur sehr selten vor. Trotzdem ist diese Abschottung für die Betreffenden auf Dauer kaum tragfähig, vor allem wenn das Tanzniveau der Partner sehr unterschiedlich ist und eine Annäherung womöglich aufgrund der unterschiedlichen Talente und Möglichkeiten auch nicht absehbar ist. Erst recht nicht, wenn ein „Streuner" mit ins Spiel kommt. Dieser zeichnet sich nämlich durch das genau entgegengesetzte Verhalten aus. Er ist in der Regel nicht nur in den oberen Etagen der Tanzhierarchie angesiedelt oder will auf jeden Fall dorthin, nein, er beglückt auch jeden Partner, der ihm zusagt. Denn niemand - zumindest keiner von den Anwesenden - könnte ihn emotional daran hindern. Er hat in der Regel auch keinen festen Lebenspartner und daher auch - so meint er zumindest - das „Eifersuchtsproblem" ein für allemal gelöst. Das macht ihn locker und souverän. Wenn er dann noch über einen umwerfendem Charme verfügt, wird er, wenn schon nicht zu einem attraktiven Lebenspartner, so immerhin zu einem sehr begehrten Tanzpartner.

Tango ist Eifersucht

Ist der durch Paarfrust bedingte Gefühlsstau beim Gegenüber ebenso überdurchschnittlich groß wie sein Harmoniegefühl beim Tanz mit dem „Fremden", dann entsteht plötzlich eine explosive Dreiecksituation. Eine Situation, die man übrigens im Ursprungsland des Tangos, also in Argentinien, durch ausgesprochen prüde und vor allem

die Frauen einengende Benimmregeln - auch Tradition genannt - von vornherein zu verhindern sucht. So soll der allseits gewünschte soziale Frieden zwischen den Tanzenden als sozialem Kollektiv nicht in Gefahr gebracht werden.
In Europa und vor allem in Deutschland läßt sich das natürlich nicht so bewerkstelligen, obwohl auch hier der Tango als soziale Veranstaltung mit seinen festen Traditionen und Regeln gelehrt wird. Die Lösung liegt hier - obwohl es die Traditionalisten nicht wahrhaben wollen - nach meiner Ansicht in der Emanzipation von den „argentinischen“ Einflüssen. Das, was ich „die sanfte Untreue“ genannt habe, kann in einer Gesellschaft wie der unsrigen nur der individuellen Verantwortung und dem gegenseitigen Vertrauen der Partner überlassen werden. Diese „sanfte Untreue“ wird deswegen in der Tangoszene von vielen Paaren nicht nur ge- oder erduldet, sondern auch als eine Erweiterung der Paarbeziehung erfahren, die diese keineswegs gefährdet oder gar zerstört . Nicht zuletzt, weil im Normalfall der „Fremde“ eben nicht wieder verschwindet, sondern bei Wiederholung zum „Bekannten“ und damit zur Normalität wird. Der Reiz des Neuen wird so immer wieder in den Tangoalltag integriert. Es spinnt sich allmählich ein Netz von „Tanzpartnerschaften“, die jeden Tanguero und jede Tanguera für längere Zeit, ja manchmal ein ganzes Leben begleiten. Aber selbst dann kann - auch mit dem schon bekannten Partner - immer wieder einmal dieser anfängliche Rausch auftreten, diese Hingabe an den ehemals Fremden, und es ist immer wieder eine Freude, einen solchen Tanz zu beobachten.

Weniger gut zu ertragen ist für mich die Posenhaftigkeit dieses Tanzes. Sie wird beim Live-Schautanz, aber auch in den gängigen Tangofilmen in einer Weise zelebriert, daß sie den laienhaften Zuschauer zwar zu Bewunderungsstürmen, nie aber zum Selbertanzen bzw. zum Tanzenlernen motiviert. Ganz zu schweigen von der für einen Normalmenschen unerreichbaren Akrobatik der Figuren. Ich habe beim Zuschauen dann oft den Eindruck, daß viele Tangoleute selbst nicht mehr zwischen der Pose der Leidenschaft und dem dahinter stehenden wirklichen Gefühl unterscheiden können. Aufgefallen ist mir das an einer Figur, die nicht nur beim Schautanz sehr beliebt ist. Bei ihr schlingt die Frau – je nach Gelenkigkeit - ein Bein um die Taille oder den Oberschenkel des Mannes, um es dann langsam an seinem Bein herunterfahren zu lassen. Die abgespeckte Variante ist fast nach jedem „Sandwich“ zu sehen. Dort fährt die Frau von unten nach oben mit dem Innenfuß bzw. Knöchel am Bein des Mannes hoch und wieder herunter, wobei das Knie immer höher steigt. Jenseits des Tangos ist mir diese „Figur“ oder besser „Verzierung“ nur in einer höchst erregten erotischen Situation zwischen Mann und Frau bekannt. Die Frauen, die das im realen Leben bisher mit mir, vielleicht nicht ganz so elegant wie geübte Tangueras auf dem Tanzparkett, gemacht haben, hatten eindeutig in die Waagerechte gerichtete Absichten. Ich war also ganz fasziniert, als ich zum ersten Mal diese Figur in einem ganz normalen Salon sah und konnte damals, noch in der Rolle des Zuschauers, nicht die Augen davon lassen. Ich vermutete eine, wenn auch als Tanz getarnte, innige, geradezu intime, um nicht zu sagen sexuelle Nähe zwischen den beiden Tanzpartnern. Am Ende der kunstvoll lang hingezogenen Figur jedoch zerbrach dieses für mich hocherotische Bild am schallenden Gelächter der Tänzerin und der anschließenden fachmännischen Diskussion der beiden über ihre Ausführung, die sie dann noch mehrfach in verschiedenen Varianten wiederholten. In diesem Moment hatte sich der Tango für mich zum ersten Mal entzaubert. Ich schwor mir damals, daß ich diese Figur nur bei einer Frau zulassen würde, mit der ich mir diese „Erotik“ auch im wirklichen Leben vorstellen konnte. Bis heute erschrecke ich immer noch, wenn mir eine Tänzerin die Extremfassung dieser Figur ungefragt oder besser: ungeführt zumutet.

Tango ist „Exporttango“

Ich glaube nicht, daß ich prüde bin. Auch nicht beim Tanzen. Eher das Gegenteil. Aber ich mag Leidenschaft und Erotik einfach nicht vorspielen. Nicht, weil ich sie für so ernst halte, daß man es aus moralischen Gründen nicht dürfte. Auch im realen Leben haben diese Gefühle ihre spielerische, ja manchmal geradezu komische Seite. Ich finde nur, daß solche Figuren einfach lächerlich aussehen, wenn sie nicht ernst gemeint sind. Wenn ich den Tanz als Medium der erotischen, tendenziell sexuellen Annäherung an eine Frau bewußt und absichtlich benutze, dann ist das etwas anderes. Dann meine ich das auch beim Tanzen und als Tanz ernst. Dann geht es, wie man so schön sagt, „zur Sache“. Wenn es nur um die Figur an sich geht, dann wirkt diese auf mich jedoch schlicht peinlich, aseptisch und asexuell. Selbst bei Schautänzen, bei denen der Tango offensichtlich als „leidenschaftlich“ demonstriert werden muß, kann ich angesichts solcher „Kunstfertigkeiten“ keine Hand mehr rühren. Erst recht nicht, wenn sich ein alter Mann noch einmal mit einer mindestens dreißig Jahre jüngeren Frau zum jugendlichen Liebhaber stilisiert. Nichts gegen alte Tangueros, aber in einer solchen Kombination wirken sie selbst als gute Tänzer einfach lächerlich. Die Argentinier nennen das abfällig „Exporttango“, während das europäische Publikum solche

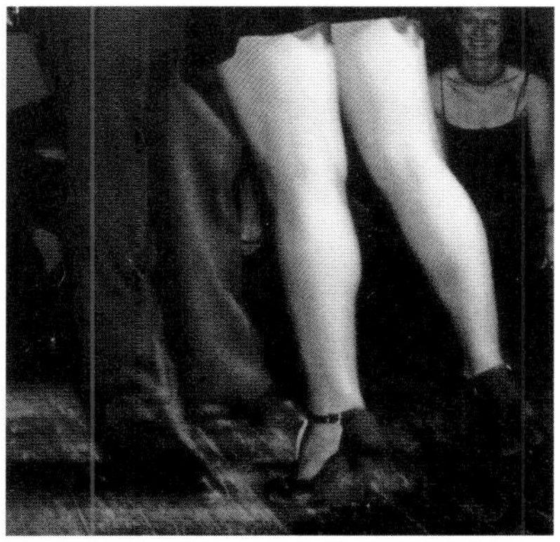

Kombinationen zwischen einem alten „Meister“ und einer auf lasziv getrimmten Tango-Lolita mit Begeisterung feiert. Aber auch die jungen Stars des argentinischen Tangos können sich in der Regel nicht von diesem Manierismus ihres Heimattanzes lösen. Im eigentlichen Sinne tanzen sie auch gar nicht. Sie produzieren vielmehr bewegliche Bilder in hollywoodscher Perfektion und verkaufen sie als kulturelle Authentizität. Bilder, die ihr Publikum erwartet, bzw. von denen die Künstler meinen, daß sie erwartet werden. Bilder, die sich an ein Massenpublikum verkaufen lassen, denn je mehr Menschen zuschauen, desto höher werden nun mal die Gagen. Eine solche Show hat aber nichts mit dem Tango zu tun, bei dem zwei Menschen in der Verschmelzung von Musik und Tanz eine sinnliche Beziehung miteinander eingehen.

Aber vielleicht befriedigen diese perfekt gemachten Bilder ja nicht nur die ästhetischen Erwartungen eines auf visuelle Effekte geeichten Massenpublikums. Möglicherweise treffen sie wegen ihrer formalen Perfektion auch die unterschwelligen Bedürfnisse vieler praktizierender Tangueros und Tangueras. In der Tiefe seiner Seele träumt doch jeder von einer intensiven Ausstrahlung. Und es ist ja nun mal viel leichter, und vor allem auch ungefährlicher, Leidenschaft mit Hingabe zu „spielen", als sie wirklich in die Tat umzusetzen. Vielleicht spielen aber auch viele Paare auf dem Parkett so inbrünstig die Leidenschaftsdarstellungen ihrer Vorbilder nach, weil ihnen diese Gefühlsintensität im wirklichen Leben fehlt. Vielleicht ist die Pose der Leidenschaft immer noch besser als gar keine Leidenschaft. War ich nicht auch selbst ein Gefühlskrüppel, bevor es mich zum Tango drängte? Bin ich es nicht mehr oder weniger auch heute noch? War es bei mir nicht überhaupt der unterschwellig bewußte Mangel an Gefühlen, der mich so berührte, als ich zum ersten Mal ein Tangopaar beobachtete?

Tango ist ein Spiel

Es gibt jedoch noch eine andere Erklärung für die Darstellungssucht der Aktiven: der dem Menschen angeborene Spieltrieb. Da ist zum ersten die Lust am Spiel mit sich selbst, d.h. mit verschiedenen Ausdrucksmöglichkeiten und Rollen auch in Bezug auf das eigene Geschlecht. Haltung, Kleidung und die Tanzfiguren selbst bieten hierfür unzählige Möglichkeiten. Da ist zum zweiten das Spiel mit dem Tanzpartner: kleine wechselseitige Experimente, Irritationen und Verführungen zu immer neuen Schritten und Schrittkombinationen. Da ist zum dritten das Spiel mit der Erotik, der Flirt mit dem Tanzpartner. Ein Flirt, der beim Tanzen extrem körperbetont abläuft und unmittelbar von der Reaktion des Partners abhängig ist. Der, weil er die „Gefahr" des Ernstes beinhaltet, sehr feinfühlig und hochkomplex ist, denn er nutzt notwendigerweise auch den Tanz als Bewegungstechnik. Der Tanzflirt kann sich so, gerade beim Tango, spielerisch in höchst unauffälliger Weise tarnen. Aber auch ohne das Tanzspiel bietet dieser Tanz in seiner ganz normalen Figurensymbolik wunderbare Möglichkeiten, den Flirt vor einem eifersüchtigen Lebenspartner unsichtbar zu machen. Wie soll dieser auch den Unterschied zwischen aufgesetzter und spielerisch-erotischer Leidenschaftspose ausmachen? So kann der Tango zu guter Letzt auch ein klassisches Versteckspiel sein, das die wahre Leidenschaft zwischen den Tanzenden verbergen hilft. Die Pose des Tanzes wird heimlich zur Wirklichkeit, zum realen Gefühl und findet so hinter dem Rücken der Tänzer zu ihrem Ursprung zurück. Für die Zuschauer, zumindest für die, die nicht speziell darauf achten, bleibt dieses Spiel jedoch aus gutem Grunde verborgen.

In dieser Verborgenheit erblüht zugleich etwas, das die Grenzen des Spiels mehr oder weniger häufig sprengt und über das in der Tangoszene genauso ungern (öffentlich) gesprochen wird wie über die Eifersucht: die Sexualität, also die sexuellen Eigenschaften und Wünsche unseres Körpers, die wir trotz unserer mühevollen Anpassung an soziale und kulturelle Konventionen nicht beliebig verdrängen können. Das Begehren ist – das wird jeder Tangotänzer und jede Tangotänzerin irgendwann unausweichlich feststellen - genauso körperlich wie seine Erfüllung, und es gibt Figuren, in denen dies selbst für den Prüdesten überdeutlich spürbar ist. Der Kern dieser sexuellen Option des Tangos liegt jedoch in seiner Rhythmik, in seiner beliebigen Verlangsamungsmöglichkeit, die bis in das konzentrierte Stehenbleiben reicht. In diesen Momenten, nicht bei den extremen Posen, geschweige denn bei den schnellen und komplizierten Figurenparts, wird der Körper des anderen ganz und gar präsent. Besonders wenn im engen Salonstil getanzt wird. Hier berühren sich die Körper dann eben nicht nur in Brusthöhe, sondern auch und gleichzeitig in der Mitte. Bei bestimmten Figuren sogar durchgehend bis zu den Zehenspitzen, und das obendrein in halbschräger Lage. Die Zärtlichkeit für den anderen kann dann zwar immer noch zur Pose erstarren. Einige der Aktiven bevorzugen statt dessen in dieser Haltung ein seltsam unmotiviertes und häufig unrhythmisches ganzkörperliches Rucken, was letztlich die gleiche Funktion erfüllt: Das Gefühl hinter der Pose durch diese selbst in Zaum zu halten. Und vielen Paaren ist das auch ganz lieb so. Ja sie merken gar nicht, daß sie es tun. Bei zwei Menschen jedoch, die sich körperlich-seelisch sympathisch sind, gelingt das nicht so umstandslos. Philosophisch gesehen: Der Inhalt sprengt dann die Form, und der Tango beginnt auf einmal das zu sein, was Pablo Picasso in genialer Weise als das Wesen der Kunst definierte: eine Lüge, die uns die Wahrheit erkennen läßt.

Tango ist (auch) Sex

Körperlich gesehen werden die Partner jetzt füreinander durchlässig. Der Andere wird durch die Kleidung hindurch in einer Weise gespürt, als gäbe es sie gar nicht. Haut berührt Haut. Dann wird auch sie transparent. Der andere dringt zwar nicht ein oder läßt eindringen, ja er würde es, selbst wenn es auf der Tanzfläche ohne Aufsehen zu erregen möglich wäre, auch nicht wollen. Das Gefühl füreinander wird jedoch eindringlich, wird körperlich im jeweils anderen spürbar, und das um so mehr, je länger solche Posen dauern und wiederholt werden. Das Medium dieser Durchlässigkeit ist der Schweiß, den ein intensiv und dynamisch getanzter Tango unausweichlich erzeugt. Vor allem, wenn man länger mit ein und demselben Partner tanzt. Dann wird auch der gerne zitierte Fragesatz eines argentinischen Dichters beim Anblick der eng umschlungen Tanzpaare nachvollziehbar: „Ich finde es einfach wundervoll, was die Leute da miteinander tun. Aber warum machen sie das alles im Stehen?“
Trotzdem ist dieser Satz zumindest heute und hier in Europa genauso falsch wie das Klischee von Abschied und Trennung. Der Tango Argentino wird bei uns weder mehrheitlich von heimwehbeseelten Einwanderern getanzt, noch findet er in einer von Sexualfeindlichkeit und Doppelmoral geprägten Gesellschaft statt, in der die Ehe als Zwangsinstitution und der Tanz als streng reglementiertes, erotisch-sexuelles Überdruckventil funktioniert. In unserem immer mehr spaßorientierten Kulturkreis wird körperliche Zärtlichkeit vielmehr auch außerhalb der festen Beziehung in der Öffentlichkeit geduldet. Ja, sie wird sogar gern gesehen und grundsätzlich als positiver Ausdruck zwischenmenschlicher Zuneigung gewertet.
Es mag sein, daß auch in der hiesigen Szene für einige der Aktiven das Tanzen immer noch als erotisch-sexuelles Überdruckventil funktioniert. Vielleicht, weil man seit längerer Zeit

dieses Bedürfnis nicht befriedigen konnte oder die eigene Beziehung diesbezüglich sehr frustrierend ist. Das ist menschlich sehr verständlich. Grundsätzlich wird aber hier die Sexualität des Tangos - und dies gilt eigentlich für jeden Paartanz - genau als das gesehen und praktiziert, was sie in einer freien Gesellschaft ist: als Spiel mit einer Möglichkeit.
Trotzdem findet das Spiel mit der Sexualität gerade beim Tango - im Gegensatz zum Beispiel zum Salsa - eher verdeckt statt. Als stilles Vergnügen, bei dem der Kavalier und die Kavalierin nach alter Sitte genießen und schweigen.

Worte, die beim und um den Tango herum gesprochen werden, haben aus der Natur der Sache heraus keine tiefere Bedeutung. Zumindest haben sie eine ausgesprochen kurze Halbwertzeit. Wer meint, ein Partner, der einem ein fast zärtlich klingendes Kompliment gemacht hat, würde einen später noch mal auffordern, hat die Logik dieser Art von Sprachaustausch nicht begriffen. Das kann bei Anfängern und/oder Szeneunkundigen im Einzelfall zu enormen Frustrationen und Mißverständnissen führen. Als ich zum ersten Mal erlebte, wie meine Gesprächspartner mitten im Gespräch aufsprangen und ohne ein Wort der Entschuldigung mir nichts dir nichts in Richtung Tanzfläche verschwanden, hielt ich das für ausgesprochen unhöflich. Obendrein entsprach dieses Verhalten so gar nicht den sonstigen um mich herum gepflegten Zuwendungsritualen. Küßchen hier, Umarmung da, fast immer ein Lachen, zumindest aber ein Lächeln. Mit den Brüchen hinter dieser Fassade entdeckte ich zugleich aber auch, daß es jenseits aller Fassadenhaftigkeit, die es ja auch im normalen Leben reichlich gibt, bei den Tangoleuten gar nicht um verbalen Austausch geht. Es sei denn, man hält Gespräche über Tango für das Nonplusultra zwischenmenschlicher Kommunikation. Worte sind nur eine Art Begleitmelodie zum Tanz. Wenn überhaupt, dann füllen sie die Pausen dazwischen. Sie haben jedoch keinen eigenständigen Wert. Wie könnte es sonst passieren - und ich habe das nicht nur einmal erfahren - daß Tangoleute, die sich seit vielen Jahren immer wieder treffen, so gut wie nichts über das sonstige Leben des „Tangofreundes" oder der „Tangofreundin" wissen?

Tango ist, wenn man miteinander redet, aber nichts sagt

Tangoleute sprechen ernsthaft nur mit den Beinen. Das ändert sich schlagartig, wenn man sie außerhalb des Tangos trifft. Nur, das geschieht nicht so oft. Es sei denn, sie rekrutieren sich aus dem schon bekannten Freundeskreis oder es gelingt, trotz dieser dominanten Kommunikationsstruktur einen von ihnen als neuen Freund oder Freundin zu gewinnen. Beides ist, vor allem wenn man mit einer solchen Beziehung höhere Ansprüche verbindet, eher selten.

Obwohl aus etwas, was klein, aber intensiv anfängt, im Lauf seiner Wiederholung etwas Großes, Unwiderstehliches werden kann, ist die Entdeckung der großen Liebe ebenso ungewöhnlich. Kleine und große Tangoaffären sind dagegen das Normale, die notwendige Prise Salz in der Tangosuppe, die Perlen auf der Tangokette. Sie machen das individuelle Tanzleben aus und heizen die Tangogerüchteküche an. Natürlich sind sie nicht so gefährlich wie die Affären im richtigen Leben, obwohl sie es auch werden können. Vor allem, wenn der Tango das richtige Leben ersetzt. Wer jedoch nicht auf Dauer aus dem richtigen Leben in das Tangoleben flüchten muß, der entdeckt hier eine herrliche Spielwiese für Erwachsene.
Daß diese Spielwiese auch solche Menschen besonders anzieht, die mit dem Ernst des Lebens ohnehin auf Kriegsfuß stehen, liegt auf der Hand. Große Jungen und Mädchen können hier verliebt–sein spielen, ohne den Preis zu zahlen, den so etwas im richtigen Leben kostet. Wie zwei Kinder, die mit einem Gewehr spielen und dabei fest glauben, daß es nicht geladen ist. Wenn dann aber einer von den beiden aus dem Spiel ernst machen möchte, also die wirkliche Liebe einklagt, ist ganz schnell Schluß mit lustig. Und für den, der es ernst meinte, ist der Frust groß. Der kluge und reife Pyrotechniker, der die Regeln dieses Spiels durchschaut hat, begibt sich deshalb tunlichst erst gar nicht auf dieses Glatteis. Selbst wenn ihm manchmal danach ist.
Es gibt aber auch einen Typ von Tänzern und Tänzerinnen, der gar nicht wahrnimmt, daß alles nur ein Spiel ist, weil er nicht zwischen Ernst und Spiel unterscheiden kann. Diese Tangueros und Tangueras sind gewissermaßen aus dem Spielalter gar nicht erst herausgekommen. Insbesondere Frauen mögen diesen Typ in der gegengeschlechtlichen Fassung, weil solche Männer - obwohl häufig exzellente Tänzer - ihnen niemals ernsthaft gefährlich werden können. Leider haben diese Tangueros außerhalb des Tanzes etwas seltsam Farbloses, geradezu Androgynes, was den erotischen Spaß auch beim Tanzen selbst begrenzt. Da kann Frau zwar allerlei „Faxen“ machen und manche Pose sieht oberflächlich betrachtet umwerfend sexy aus. Aber sie sieht eben nur so aus, und das reicht reifen Spielerinnen eben nicht. Ein bißchen Risiko gehört für sie nun mal auch zum Tangoleben. Denn auch ein Verlangen, das absichtlich nicht erfüllt wird, um es kochend zu halten, muß doch als solches spürbar sein.

Tango ist eine Affäre

Für symbiotische Paare sind jedoch gerade diese quasi geschlechtslosen Tanzpartner überhaupt die einzige Möglichkeit, bei diesem Spiel mitzuspielen. So gibt Minus mal Minus wieder einmal Plus und damit schließt sich der Kreis der kollektiven Harmonie erneut, da alle auf ihre Kosten kommen. Ein Narr müßte der sein, der diese unsichtbar waltende Güte der Götter in Frage stellen wollte.

Diejenigen, die die Hitze des Begehrens umfassend spüren wollen, müssen jedoch nicht nur gute Spieler, sondern auch gute Tänzer sein. Dabei ist nicht die Menge bzw. die Komplexität der Figuren und ihre rein technische Beherrschung entscheidend, sondern die Intensität, mit der die Figuren bis in die einzelnen Schritte und Pausen getanzt werden. Diese Intensität ist zu gleichen Teilen bestimmt durch Nähe, Spannung und Dynamik. Die Partner sind dabei wie zwei Magnete, die trotz ihrer unglaublichen Anziehungskraft nie ganz zusammen kommen, die im letzten Moment die völlige Vereinigung verhindern, um wieder Distanz zu gewinnen. Eine Distanz, die der Tanz als Tanz, als schlichte Bewegungsfreiheit, braucht, um nicht in pure Nähe, in Berührung an sich umzuschlagen. Bei einem Paar, das sich liebt oder gerade diesem Gefühl verfällt, kann das dann doch geschehen. Aber selbst bei ihnen dauert diese Vereinigung nicht an. Auch sie können sich der Dynamik des Tanzes, der Musik und ihres Rhythmus nicht beliebig lange entziehen. Zumindest aber müssen sie sie in ihre „Unzertrennlichkeit" einbeziehen. Sie tanzen ganz nah, so nah wie sie können, aber sie tanzen. Das heißt, selbst dieser Sieg der Anziehungskraft läßt noch Bewegungsfreiheit zu, ist immer noch Tango. Für manche sogar der ultimative, der eigentliche Tango. Aber auch für diejenigen, die diese Enge der Körper nicht zulassen können oder wollen, kommt dieser „letzte Moment" immer wieder. Dieser Spannung des Tanzes, die letztlich nichts anderes ist als die Spannung zwischen den Körpern der Tanzenden, können und wollen sie sich nicht entziehen. Die Dynamik dieses Spiels ist dabei im Prinzip unbegrenzt. Sie kann sich ohne weiteres auch bis zu einer Art Kampf, zu einem echten Gegeneinander, aufschaukeln, je nach Temperament und Können der Beteiligten. Aber der Kampf ist sinnbildlich durch das Magnetfeld begrenzt, ist eine Auseinandersetzung zweier grundsätzlich aufeinander bezogener Teile. Die Explosion bleibt kontrolliert. Die beiden Magnete zerstören einander nicht, weder durch den ungehinderten Aufprall noch durch die totale Abwendung voneinander.

Die sexuelle Option des Tangos tritt hier keineswegs gänzlich hinter der technischen Dynamik und Komplexität zurück. Wie wäre es sonst zu erklären, daß viele professionelle Tanzpaare auch außerhalb der Tanzfläche liiert sind. Sie ist vielmehr Teil der Dynamik, denn der Wechsel von Beschleunigung und Ruhe, von Verspieltheit und Gradlinigkeit, von Nähe und Distanz macht die kontaktbetonten Phasen dieser kontrollierten Explosion besonders intensiv. Vor allem, wenn, wie bei den meisten nichtprofessionellen Paaren, keine choreographischen Zwänge herrschen. Eine vergleichbare körperlich-seelische Totalität findet man eigentlich nur noch bei einem gelungen Liebesakt. Mit dem großen Unterschied jedoch, daß es sich bei ihm - wenn man den Vergleich überhaupt zuläßt - eben nicht um eine kontrollierte, sondern um eine unkontrollierte Explosion handelt. Die Totalität der Involviertheit mag daher ähnlich sein, die Intensität ist es jedoch nicht und wird es auch nie sein können. Nicht einmal für Tanzpaare, die auch Liebespaare sind. Etwas animalisch-instinktives hat ein solcher Tango dennoch, denn die Partner sind vollkommen hingerissen von sich selbst und ihrer Aktion. Sie können kein Ende finden und wenn sie es dann endlich erreicht haben, sind sie außer sich und zugleich in einer absolut angenehmen Weise erschöpft. Ihre Herzen rasen und der Schweiß rinnt ihnen in Strömen über den ganzen Körper. Wer solche Paare in diesen Sternstunden ihrer Tanzkarriere beobachten durfte oder dieses Glück selbst erlebt hat, der wird den Begriff des „vierbeinigen Tieres" (el animal del cuatro piernas) - mit Betonung auf Tier - als absolut treffend empfinden. Wer als Mann eine Frau in einem solchen Zustand führen und halten konnte, wird das mit ihr immer wieder tun wollen, ohne auch nur einen Moment ernsthaft daran zu denken, mit ihr ins Bett zu gehen.

Tango ist eine kontrollierte Explosion

Aber wer beherrscht den Tango Argentino schon so, daß er jenseits der augenscheinlichen Posenhaftigkeit alle diese wirklich berauschenden Elemente erfährt. Auch diejenigen, die nach langer Arbeit an sich selbst in diese Sphäre vorgedrungen sind, sind dazu nicht ständig in der Lage. Und wenn sie es sind, dann fehlt ihnen oft der richtige Partner. Aber selbst, wenn alles „paßt" gibt es immer noch die Unwägbarkeit der aktuellen Stimmungen und Launen, die nun mal nicht programmierbar sind. Glücklicherweise nicht. Selbst Profis können darüber nicht beliebig hinweg tanzen. Erst recht nicht die Tänzer und Tänzerinnen, die noch mitten im Lernprozeß sind oder die trotz aller Mühe nicht den von allen so bewunderten Fluß in ihre Bewegung bringen. Manche bemühen sich immer wieder vergeblich um eine aufrechte Haltung, manche hoppeln mehr oder weniger bei jedem zweiten Schritt, manche kämpfen mit der Eigenart, bei bestimmten Drehungen ausholende Bewegungen zu machen, um ihr Gleichgewicht besser zu sichern. Sollen sie deswegen aufhören zu tanzen? Sollen sie sich dem Dauerstress unterziehen, durchgehend auf ihre „Haltung" zu achten, weil es die gängige Tangoästhetik oder der scharfe Blick der Lehrer verlangt, auch wenn der Partner mit eben diesen „Spezialitäten" keine Probleme hat? Ich kann jedem Zuschauer empfehlen, nicht nur auf die Beine sondern auch auf die Gesichter der Tanzenden zu achten. Manch spektakuläre Figur enttarnt sich dann als abgespulte und seelenlose Technik und manch schlichtes Innehalten verrät den ganzen inneren Zauber zwischenmenschlicher Harmonie.

Tango ist ein ganz normaler Zeitvertreib

Solche Paare ziehen nicht die Blicke auf sich, sie können vielleicht auch die Sphäre des Tangorausches, wie ich ihn oben beschrieben habe, nie erreichen. Ihren Spaß haben sie aber sichtlich trotzdem und Rauschzustände sind bekanntlich eine äußerst subjektive Angelegenheit. Bei genauerer Betrachtung kann man sogar in jedem zwischenmenschlich gelungenen Tango - egal auf welchem technischen Niveau - dieselben Elemente erkennen, die ich im Abschnitt über die kontrollierte Explosion in ihrer höchsten Ausformung beschrieben habe.

Jenseits dieses Zustandes beherrscht den Tango fast bei allen Aktiven das, was man auch aus den anderen Bereichen des täglichen Lebens kennt: technische Routine und mehr oder weniger schlechte oder gute Gewohnheiten. Nicht zuletzt, weil man sehr häufig mit den gleichen Partnern tanzt. Man kennt die Leute und die Orte, man weiß oft auch nichts besseres zu tun, und erfüllender als das normale Fernsehprogramm ist Tangotanzen allemal. Wie eben jedes andere Hobby auch, das die Menschen dem täglichen Gänsemarsch vorziehen, mit dem sie ihm sogar eine Zeitlang entfliehen können. Diese Normalität des Tangos als zwischenmenschliche Interaktion und kollektive Veranstaltung schützt zugleich vor seinen sozial und körperlich potentiell bedrohlichen Eigenschaften. Sie führt beim näheren Hinsehen und trotz aller vor allem kleidungsmäßig zur Schau getragenen Extravaganzen zu einer insgesamt eher biederen Verfassung der Tangogemeinde und ihrer Veranstaltungen. Exzesse, welcher Art auch immer, sind die absolute Ausnahme und finden, wenn überhaupt, abseits der Öffentlichkeit statt. Auch Exaltiertheit ist außerhalb der Tanzfläche kaum anzutreffen. Positiv formuliert: nicht Ausgelassenheit, sondern Gelassenheit bestimmen die Umgangsformen der Tangoszene. Negativ ausgedrückt: außerhalb des Tanzes kann es für einen neugierigen und abwechslungsbedürftigen Menschen - zumindest wenn er regelmäßig dieselbe Location besucht - schnell langweilig werden.

Aber auch beim Tanzen selbst kann sich diese Abnutzungserscheinung einstellen. So gehen die gefühlshungrigen Beinarbeiter beiderlei Geschlechtes bald auf Tangowanderschaft. Zuerst zu einem anderen Tanzort, dann zu einem anderen Tanzort in einer anderen Stadt, dann zu einem Tanzort, wo man TänzerInnen aus verschiedenen Nationen treffen kann und schließlich auch schon mal in ein anderes Land. Gute Sprachkenntnisse sind dafür aus der Natur der Sache her nicht erforderlich. Ein paar gebrochene Sätze Englisch reichen völlig aus.
Aufgrund ihrer Mobilität entwickelt sich für solche Tango-Nomaden ein Netz von Oasen, das sich bei entsprechendem Suchtgrad und finanzieller Ausstattung im Extremfall über die ganze Welt verteilt. Aber auch der finanziell weniger potente Nahbereichswanderer kommt dabei auf eine Jahreskilometerzahl, die einem vielbeschäftigten Vertreter alle Ehre machen würde. Und wie dieser haben die Tangueros und Tangueras in den Städten, in denen sie immer wieder verkehren eine oder mehrere „Geliebte“, zumindest aber „VerehrerInnen“. Auf der jeweiligen Tanzfläche passiert jedoch - mit Ausnahme des Partnerwechsels - das gleiche wie zu Hause. So ist Abwechslung möglich, ohne daß sich wirklich etwas verändert. Außer vielleicht das tänzerische Figurenspektrum. Zugleich kommt diese Lebensweise nicht nur dem hochmobilen Single-Leben, sondern auch der Organisation aufgeklärter „lebensabschnittspartnerschaftlicher“ Zweisamkeit strukturell entgegen. Denn man bekommt beim Tango doch immer wieder soziale und emotionale Streicheleinheiten, ohne sich tiefer und damit auch riskanter auf das Gegenüber einlassen zu müssen. Als Gemeinschaft bietet die Szene obendrein eine Art situativen Familienersatz. Es ist von daher nicht verwunderlich, daß der Tango Argentino erneut ein großes Comeback feiert und genau in diesem neuen Mittelschichtsmilieu seine meisten Fans hat. Entsprechend ist er in Deutschland auch dort am meisten verbreitet, wo diese Gesellschaftsgruppe überdurchschnittlich vertreten ist: in den großen Städten und Ballungsräumen wie z.B. Berlin, Hamburg, München und dem Rhein-Ruhrgebiet sowie in den universitätsbestückten Mittelstädten mit überdurchschnittlichem Einkommens- und/oder Bildungsniveau wie z.B. Bremen, Münster, Kassel oder Regensburg.

Tango ist Wanderschaft

Tango ist, wenn man nach Buenos Aires fährt

Das höchste Ziel dieser Wanderschaft ist natürlich die Tangowelthauptstadt Buenos Aires. Hier ist - so weit mir berichtet wurde - gerade der deutsche Tangonomade wegen der harten D-Mark fast so beliebt wie die Amerikaner wegen ihres noch härteren Dollars. Manche Amerikanerinnen bevorzugen es, sich noch im Heimatland einen originalargentinischen „Milonguero" als Eintänzer zu mieten, sozusagen als Urlaub „all inclusive". So weit geht die deutsche Tanguera natürlich nicht. Oder doch? Wer würde schon offen darüber sprechen? Aber das Mindeste, was sich Frauen wie Männer aus der Wiege des Tangos mit nach Hause bringen, ist - neben ein paar privaten Tanzstunden bei einem „Meister" natürlich - ein Paar handgemachte Schuhe und ein maßgeschneiderter Tangofummel. Dabei geht es nicht um „irgendein" Souvenir von „irgendeiner" Reise. Schuhe und Fummel sind vielmehr tragfähige Symbole einer, wenn auch nur für Eingeweihte sichtbaren, sozialen Hierarchie. Natürlich läßt sich der Wert solcher Statussymbole auch ganz praktisch erklären: Sie passen einfach besser als die Klamotten von der Stange. Und deshalb sind sie gerade für die Tänzer „unbedingt notwendig", die sie extrem viel und intensiv benutzen. Ganz nebenbei kann man damit auch sichtbar machen, daß man zu eben diesem Kreis gehört. So geht beides zusammen: der Spaß an der Sache und das Ansehen, das man dadurch gewinnt. Denn Buenos Aires ist wirklich eine faszinierende Stadt und ein maßgeschneiderter Tangofummel ein wundervolles Kleidungsstück, auch jenseits seines Statuscharakters. Was die Schuhe betrifft, so sind die findigen Schuster und vor allem Schuhverkäufer aus Buenos Aires gerade dabei, diesen Statusvorsprung zunichte zu machen. Denn neuerdings gibt es bei größeren Tangoevents in Deutschland und Resteuropa eine große Auswahl an originalargentinischen Tangoschuhen zu besichtigen und, wenn sie denn passen, auch zu kaufen oder zu bestellen. Auch Tangofummel kann man sich mittlerweile in Deutschland schneidern lassen. So bleiben den Tangopilgern nur noch die „exklusiven" Urlaubserlebnisse, die Eindrücke und Erfahrungen, die man weitererzählen kann. Aber auch hier sind mittlerweile professionelle Marktstrategen am Werk, die die argentinischen Events auf die Bedürfnisse der Touristen ausrichten, so daß sich die Ursprungszene in Argentinien - wie mir Einheimische sagten - selbst verändert. Auf der anderen Seite werden die Tangoexporte, also der umgekehrte Tangotourismus von argentinischen „Originalstars" und „Originalorchestern", für die deutschen/ europäischen Veranstalter immer teurer. So entwickelt sich bei den Protagonisten des Tangos doch zusehends die Erkenntnis, daß ihr „Erfolg" auch Schattenseiten hat, ja, daß sie dabei sind, ihn durch ihre Aktivitäten selbst zu Grabe zu tragen. Was die Fußbekleidung betrifft, erleichtert es allerdings auch bei den daheim gebliebenen Tangueros und Tangueras die Erkenntnis, daß man mit Schuhen aus Buenos Aires nicht besser tanzt als mit guten Tretern von der heimatlichen Stange.

Apropos Schuhwerk: Tangomenschen erkennt man, zumindest wenn sie auf dem Wege „zum Dienst“ sind, schon von weitem an den mitgeführten Schuhtaschen. Die Frauen tragen sie in Gestalt eines schicken, kleinen, aber zugleich unvermeidlich prall gefüllten Rucksacks, die Männer meistens in ausgesprochen uneleganten, beutelförmigen Gebilden, deren Farbe und Form ihrem ansonsten lässig-gediegenen und vor allem schwarzen Outfit widersprechen. Einige, vor allem die „Profis“ und die, die so aussehen wollen, bringen es auf ausgewachsene Koffer, die sie in einer Weise tragen, öffnen und aufbewahren, die der eines Geldboten der Mafia nicht unähnlich ist.

Tango ist Schuhe in Taschen

Tango ist Nijmegen

Auch die regionalen bzw. nationalen Tango-Orte bilden eine von den Tanzniveaus bestimmte soziale Hierarchie aus. In meiner Heimatregion, dem Rhein-Ruhrgebiet, ist die oberste Stufe eindeutig Köln. Wer noch eins höher will, muß schon hinüber nach Holland, genauer gesagt nach Nijmegen, der heimlichen Europazentrale des argentinischen Nationaltanzes. Hier spürt man dann, daß mit dem höherem Tanzniveau auch der Selbstdarstellungszwang und die Konkurrenz proportional ansteigen. In Nijmegen kann der kleine König zum großen König werden und einen Kaiser gibt es dort auch. Er heißt Eric und ist ein gleichermaßen begnadeter wie sympathischer Selbstdarsteller und Lehrer. Diese Kombination ist in diesem Falle sogar sinnvoll. Denn Eric unterrichtet ja Selbstdarstellung, und er unterrichtet das so, daß seine Schüler vor allem lernen, auch ihrem Gegenüber diese Selbstdarstellung zu ermöglichen. Er ist, wenn man ihn mit anderen Tangostars vergleicht, ein expliziter Vertreter des „sozialen" Tangos und er tanzt auch selbst so: einfühlsam, unpretentiös, rücksichtsvoll gegenüber anderen Paaren auf der Tanzfläche, gradlinig, ohne das Spielerische zu vernachlässigen und natürlich als „Meister" auch in den Figuren akrobatisch perfekt und unendlich vielfältig. Wenn doch nur alle Tangoleute seine Lehren beherzigen würden. Auf mancher Tanzfläche, wo es im Gedränge auch schnell zum Gestoße und Gebolze kommt, wäre es angenehmer. Es sind auch nicht nur die Anfänger, denen oft diese Rücksichtnahme fehlt, weil sie natürlich noch nicht den räumlichen Überblick haben. Es sind eher die niveauvollen, aber zugleich auch selbstverliebten Paare, die es einfach nicht für nötig erachten, ihr Figurenspektrum und ihren Stil der kollektiven Tanzsituation anzupassen. Diese Tangoautisten - in Fachkreisen auch „Arroganzeros" genannt - können das soziale Vergnügen, das der Tango jenseits all seiner psychischen Schattenseiten ermöglicht, erheblich schmälern. Auch und gerade an In-Orten wie Nijmegen.

An solchen In-Orten geben sich dann auch die Tango-Diven ein Stelldichein. Diejenigen, die es noch werden wollen oder die sich dem süßen Schein hingeben, sie wären es schon, sitzen dort geduldig wie die Hühner auf der Leiter, um einen der hier überdurchschnittlich häufig anwesenden Spitzentänzer zu erhaschen. Die wirkliche Diva hat dies natürlich nicht mehr nötig. Sie wird im wahrsten Sinne des Wortes auf Händen getragen. Meistens ist sie die Lieblingspartnerin mindestens eines, meistens aber mehrerer Spitzentänzer. Zwar gibt es selbst auf dem Tango-Olymp noch mal ein eigenes Siegertreppchen. Aber selbst von der untersten Stufe kann man allemal auf den Rest herunterschauen, und er und sie tun es auch. Nicht demonstrativ wie die „Arroganzeros", denn man weiß, was man der kollektiven Harmonie schuldig ist. Man tut es auf der Tanzfläche, auf der man bei jeder sich bietenden Gelegenheit zeigt, was man drauf hat.

Tango ist eine Diva, die manchmal weint

Aber auch vom Tango-Olymp kann man abstürzen und sei es nur, weil man an einen Ort geraten ist, wo das Tanzniveau noch einmal eine Stufe höher ist als an dem, wo man bisher verkehrte. Oder weil einen dort noch keiner kennt und man deswegen partout nicht aufgefordert wird. Und das ist eine Katastrophe für jede Diva oder für diejenige, die sich dafür hält. Denn bekannt muß eine Diva schon sein, wenn sie auch als solche behandelt werden möchte. Ansonsten müßte sie nämlich von sich aus einen Mann auffordern und das ist, obwohl in Tangokreisen nicht zuletzt wegen des strukturellen Frauenüberschusses zunehmend normal, für eine Diva eine Zumutung. Zumindest wenn der Tänzer ihr unbekannt ist. So etwas tut sie sich vielleicht einmal, höchstens zweimal an, um auf der Tanzfläche überhaupt gebührlich wahrgenommen zu werden. Danach erwartet sie, daß ihre dort gezeigten Künste von den anwesenden männlichen Olympioniken honoriert werden. Tun sie das nicht, sind die Tränen selbst auf dem Götterberg ganz nahe.

So ist jeder größere Tangoevent immer auch ein mehr oder weniger großer Markt der Posen und Eitelkeiten. Aber er ist auch im positiven Sinne ein richtiges Fest, eine kollektive Sinnenfreude, wie man sie kaum noch woanders findet. Es ist eben gerade der mehr oder weniger große Narzißmus der Tangoleute, der dort eine unglaubliche Vielfalt fürs Auge erzeugt. Und es sind gerade die Diven, die diesbezüglich das Sahnehäubchen auf dem Festkuchen sind. Jeder, der diese Speise mag, weiß genau, daß der bunteste und schmackhafteste Belag ohne diese verführerisch süße Krönung zwar nicht nichts, aber doch eben nicht alles wäre.
Hier, vor großem Publikum, zeigen aber auch die anderen Tangofrauen äußerliche Seiten, die sie im Alltagsleben eher zurückhalten oder unterm Kleid verstecken. Wer wie ich jede Art, Form und Größe von Dekolletés liebt, kommt voll auf seine Kosten. Der Schlitz im Kleid, funktional durchaus notwendig für die Beinfreiheit, ist natürlich auch ein Blickfang und Teil des erotischen Spiels. Ein visuelles Spiel, das vorrangig den Frauen vorbehalten ist.
Die Männer neigen eher zum schlichteren Outfit, dafür aber Ton in Ton und vor allem Schwarz. Beim Gürtel läßt man schon mal den Beau oder den Freak aufscheinen, Dreitagebart und offenes Hemd mit gerade wieder modisch-aktuellen Hosenträgern markieren den Machodarsteller. Ganz Mutige oder Eingebildete tragen den zweifarbigen Gangsterschuh oder den breitkrempigen Filzhut à la Carlos Gardel. Eine besondere Beachtung finden sie aber deswegen offensichtlich nicht. Überhaupt wirken die männlichen Accessoires des klassischen argentinischen Tangos in unseren Breiten eher lächerlich, während die weiblichen geradezu fröhliche Wiederauferstehung feiern. Waren zur Ursprungszeit dieses Tanzes sowohl Frauen als auch Männer in ihrer Kleidung auch beim Tanzen noch mehr oder weniger sie selbst, so ist es heute geradezu umgekehrt. Der „neue Mann" sieht nur noch aus wie ein „Macho" und die „Emanze" (ver)kleidet sich als verführerisches Weib. Ist Tango also in der äußerlichen Selbstdarstellung eine Art Geschlechterkarneval? Oder identifiziert sich die Mehrzahl tatsächlich mit diesen zur Schau getragenen Geschlechterklischees und fühlt sich deshalb vom Tango angezogen? Oder wollen gerade starke Frauen auch mal ganz ungespielt schwach sein dürfen und die Männer, die sonst eher zur Softiefraktion tendieren, wenigstens auf einem ihrer Aktivitätsfelder den Starken markieren können? Oder ist alles, wenn man es von Paar zu Paar betrachtet, noch viel komplizierter?

Tango ist ein Fest

Es ist hier nicht der Platz, diese Fragen zu beantworten, und ich könnte diesbezüglich auch nicht mehr, als nur weitere Vermutungen anstellen. Eines kann ich jedoch immer wieder fraglos bei solchen Gelegenheiten feststellen: Jede Tangofrau, die ihr Handwerk auch nur einigermaßen beherrscht, hat auf ihre je eigene Art einen Schuß von dem, was früher zu den positiven Eigenschaften einer Diva gehörte: tänzerische Grazie und Anmut gepaart mit Selbstbewußtsein und erotischer Eleganz. Und in diesem Ambiente sind dann auch wieder die „kleinen Könige" und „Arroganzeros" gut zu ertragen, denn sie machen einerseits nicht die Mehrheit der Anwesenden aus und sind andererseits in die allgemein angenehme, wenn

auch manchmal etwas aufgesetzte Harmonie eingebettet. Ja, und wer will schon auf einem Fest mit den Realitäten des Lebens konfrontiert werden. Ein Fest definiert sich ja gerade dadurch, daß es kein Alltag ist. Es ist vielmehr eine im Positiven gelungene Verdrängung des Alltags und die braucht schließlich jeder Mensch. Also wenn schon Verdrängung, dann zumindest mit Lust und mit Stil. Beides bietet der Tango im Gegensatz zu anderen Ablenkungen in Hülle und Fülle, und wer diese tröstliche Wiedergutmachung der Götter bekommen möchte, dem kann ich zum Schluß nur eins empfehlen: ihn tanzen zu lernen. Der Körper wird es ihm auf jeden Fall danken.

Tango-Glossar

Tanguero/Tanguera:
Die aktuelle auch im deutschen Sprachraum übliche Bezeichnung für einen Menschen, der regelmäßig und mit Hingabe dem Tango Argentino frönt bzw. nicht mehr von ihm lassen kann.

Salon:
Vorweg und in neudeutsch: Der Event heißt so, nicht die Location. Der Begriff selbst stammt aus der Ursprungszeit des argentinischen Tangos, als er vor allem in den Etablissements des Rotlichtmilieus und den Armeleutevierteln der argentinischen Hauptstadt Buenos Aires stattfand. Diese Orte hatten jedoch viel mehr Ambiente und Ausstrahlung, als wir sie aus der aktuellen Szenerie des käuflichen Sex und der Unterschicht kennen. Salon bedeutet deswegen auch heute noch Wärme, Intimität und einen Schuß Frivolität.

Tangobal:
Oder auch in deutsch korrekt: Tangoball. Er ist eine Art XXL-Fassung des Salons und verliert deswegen ihm gegenüber an Übersichtlichkeit und Intimität. Entsprechend größer und meist auch „prunkvoller" ist der Raum bzw. Ort, an dem er stattfindet. Üblicherweise tanzen hier als Höhepunkt des Abends ein oder mehrere Paare vor.

Das „vierbeinige Tier":
Ist eine freie Übersetzung aus dem Spanischen. „El animal del cuatro piernas" steht in dieser Sprache als Synonym für den Tango und ist meines Wissens von der Tanzwissenschaftlerin Monika Elsner so zum ersten Mal in den deutschen Sprachraum übertragen worden.

Ocho:
Ist eine der Kernfiguren des Tango Argentino, die von der Frau oder besser: dem Geführten in Form einer Acht vor oder um den Führenden herum gelaufen wird. Sie erfordert ein erhebliches Drehvermögen auf den vorderen Fußballen und ist der „funktionale" Hauptgrund, daß die Tangueras bei ihrer Lieblingsbeschäftigung hochhackige Schuhe tragen.

Tango-Diva:
Ein Szeneausdruck, der eine Tanguera bezeichnet, die es zu einem sehr hohen und zugleich ausdrucksstarken Tanzniveau gebracht hat und darum nicht nur als äußerst begehrte Tanzpartnerin für gute Tangueros gilt, sondern zugleich - und mehr oder weniger ungewollt - ein geachtetes und zugleich beneidetes Vorbild ihrer tanzenden Geschlechtsgenossinnen ist.

Sandwich:
Eine Tanzfigur, die den Geführten zum Stehen bringt, indem der Führende einen Fuß des Geführten so mit seinen beiden Füßen umfaßt, daß sie wie eine „Zange" wirken. Sie führt zu einem Stop, einem Stillstand des Tanzpaares oder besser des Tanzes, der durch verschiedenste „Ausgänge" aus dieser Figur wieder aufgelöst bzw. in einen erneuten Tanzfluß gebracht werden kann.

Milonguero:

Die Milonga ist vom Ursprung her ein Stegreifgesang, der in Uruguay am Rio de la Plata entstand. Später wurde dieser Begriff zum Synonym für den frühen Tango im Argentinien des ausgehenden 19ten Jahrhunderts. Der Milonguero ist also eigentlich ein Stegreifsänger. Im Ursprungsland des Tangos nennt man bis heute so einen Mann, dem der Tango zum Lebenssinn und häufig auch zum Lebenszweck geworden ist. Es gibt auch einen (sehr engen) Tanzstil, der nach ihm benannt wird.

Volkstango :

Anfang des 20. Jahrhunderts bekam der Tango seine bis heute typische, den Rhythmus betonende und wechselnde Form, die in vielfältiger Weise von den jeweiligen Musikern interpretiert werden kann. Grundsätzlich werden dabei drei Arten unterschieden: Der Instrumentaltango, der sich wesentlich durch seine starke Rhythmisierung und durch die Technik der das Tempo verschärfenden Gegenbewegung einzelner Instrumente auszeichnet, von denen das im deutschen Krefeld entwickelte Bandoneon das prägende ist; der Instrumentaltango, der sich mehr durch die melodische Entfaltung bestimmt und die Rhythmisierung dieser Melodik unterordnet. Der gesungene Tango, in dem, sofern er überhaupt instrumentiert ist, die menschliche Stimme im wahrsten Sinne des Wortes den Ton angibt. Alles zusammen bildete den Volkstango, der zur argentinischen Nationalmusik und damit zu einem festen Bestandteil der Alltagskultur dieses Landes wurde, auch was die Tangotexte betraf. Er entfaltete sich in Tausenden von Musikstücken mit hoher individueller Prägung durch die jeweiligen Komponisten, Sänger und Musiker. Seine Ikone und einer ihrer berühmtesten Sänger war Carlos Gardel, dessen ständig getragener breitkrämpiger Filzhut auch zum modischen Symbol des Tango Argentino wurde. Als Musik blieb der Tango Argentino bis in die 50er Jahre dieses Jahrhunderts im wesentlichen unverändert.

Tango Nuevo:

Es war vor allem der in New York aufgewachsene Argentinier Astor Piazzola, der in seinem Heimatland in den 60er und 70er Jahren den Tango Argentino revolutionierte, indem er ihn mit den Einflüssen des Jazz und der klassischen Musik verband. Der Tango Nuevo entstand und trat als nicht tanzbarer Tango seinen Siegeszug durch die ganz Welt an, was die argentinischen Traditionalisten lange Zeit Haß und Häme über den Neuerer ergießen ließ. Heute existieren beide Tangoformen auch in Argentinien relativ friedlich nebeneinander, wobei der Tango Nuevo immer noch eher als nur hörbar gilt. In anspruchsvolleren Tanzchoreographien ist er jedoch mittlerweile fester Bestandteil der eher künstlerisch orientieren Tangowelt und dringt zusehends auch in die alltägliche Tanzszene ein.